KB067848

한글전사
정태진

한글전사 정태진

정태진과 함께하는
문화예술인의 모임

방현석 지음

출판도시활판인쇄박물관

한글전사 정태진

2020년 10월 31일 초판 1쇄 펴냄

지은이	방현석
펴낸이	김재범
편 집	정경미
관 리	박수연, 홍희표
디자인	다랑어스토리
인쇄·제책	굿에그커뮤니케이션
종 이	한솔PNS
펴낸곳	㈜아시아 / 출판도시활판인쇄박물관
출판등록	2006년 1월 27일 제406-2006-000004호
주 소	경기도 파주시 회동길 445 (서울 사무소 : 서울특별시 동작구 서달로 161-1 3층)
전 화	02-821-5055
팩 스	02-821-5057
홈페이지	www.bookasia.org
ISBN	979-11-5662-510-0

* 값은 뒤표지에 있습니다.

서문

누구의 피와 눈물 에서
오늘의 문화강국 대한민국은 존재하는가

정태진이 함흥형무소에서 만기 출소한 것은 해방을 한 달 반 앞둔 1945년 7월 1일이었다.

해방과 함께 남한에는 미군이 주둔하고, 미군정청이 들어섰다.

영어를 조금만 할 줄 알면 쉽게 한 자리를 할 수 있는 시대에 우스터대학 학부를 수석졸업하고 컬럼비아대학 대학원을 마친 정태진의 앞길은 탄탄대로였다. 영어, 일어, 한자어, 3개국어에 능통한 우리말 전문가에다, 해방 한 달 전에 일제의 감옥에서 풀려난 항일투사인 그는 마음만 먹으면 못할 일이 없었다.

친일파들이 두려움에 떨며 돈과 땅문서를 들고 와 줄을 대려고 했지만, 그는 거들떠보지도 않았다. 컬럼비아대학교 대학원 선배인 군정청 경무부장 조병옥은 정태진에게 군정청 외무부장을 맡으라고 했지만, 그는 사양했다. 주변에서 모두 의아스러워했지만 정태진은『조선말 큰사전』작업이 시급해서 다른 일을 할 수가 없다고 했다.

정태진이『조선말 큰사전』에 그토록 집착한 것은 자신이 가르친〈영생여고보생의 일기장 사건〉이 발단이 되어 자신이 맨 먼저 구속되었고, 그 결과〈조선어학회 사건〉으로 확대되면서 이윤재, 한징 선생이 옥사한 데 따른 책임감 때문만은 아니었다. 독립된 나라를 만들려면 통일된 국어가 반드시 있어야 하는데 우리에게는 아직 국어사전 한 권 없었다. 한 민족의 얼을 담을 통일된 언어가 없는 상태에서 온전한 독립국가를 건설하는 일은 불가능하다고 그는 확신했다.

정태진은 고향 파주사람들이 국회의원에 출마하면 반드시 당선된다며 출마를 간청했지만 일언지하에 거절했다. 그는 자신만이 아니라 다른 한글운동의 지도자들이 정계에 진출하려는 것도 반대했다. 조선어학회 사건으로 함흥형무소에서 함께 수감생활을 했던 이극로선생의 정치 참여를 앞장서 만류한 것도 정태진이었다.

정태진은 해방된 조국에서 한글을 온전히 되살리는 것이 얼마나 시급한 일인지 누구보다 절감하고 있었다. 나라가 해방되고 금지되었던 우리의 말과 글도 해방이 되었다. 그러나 독립국가의 헌법을 만들기 위한 국회의원 선거에 나서겠다는 사람은 넘쳐났지만, 그 헌법을 명문화할 수조차 없게 파괴된 우리말을 복원하고 다듬는 일에 나서겠다는 지도자는 보이지 않았다. 우리말과 글을 지키고자 했던 지사와 학자들이 조선어학회 사건으로 감옥에서 신음하는 동안 한글은 처참하게 파괴되었고, 학문의 대는 끊어졌다. 모국어의 파수꾼이 되어야 할 작가와 시인들까지 친일에 앞장서면서 민족의 정신을 담아야 할 모국어는 왜곡되고 훼손되었다. 해방조선에서 우리말, 우리글을 되살리는 것보다 시급한 일이 없었음에도 실력을 갖춘 한글 학자는 손가락으로 꼽을 지경이었고 교육자도 턱없이 부족했다

정태진은 명예와 권력을 누릴 기회가 잇달았음에도 단 한 번 기웃거리지 않고 자신의 길을 간 참된 지식인이었다.

한국전쟁이 터지고, 이승만대통령이 서울을 버리고 대전으로 도망간 다음에도 정태진은 서울에 남아 사전작업을 계속했다. 정인승, 이강로 등 『큰사전』편찬위원들과 함께 대포 소리를 들으면서도 '이살부리다'와 '야살부리다'가 대립어가 될 수 있는

지 없는지를 놓고 토론을 벌이고, 단어의 용례를 확정해나갔다.

뒤늦게 부산으로 피난을 떠났지만 그는 1952년 5월 20일 서울로 돌아와 『조선말 큰사전』 발간 작업을 계속했다.

전시의 인쇄시설은 열악했다. 그래도 서울에 남아 있는 인쇄시설 중에서 가장 훌륭한 곳은 서울신문사였다. 북한이 점령하여 '조선인민보'를 찍어냈던 서울신문사의 주조, 인쇄시설은 어지러웠지만 그나마 온전한 편에 속했다. '서울신문'을 찍다가 '조선인민보'를 찍던 활판인쇄기에는 다시 '서울신문' 지형이 걸렸다. 그 틈새에서 '한가하게' 한글 사전을 인쇄하겠다는 정태진을 미친 사람으로 본 것은 주조공과 문선공, 인쇄공만이 아니었다. 총을 앞세워 인쇄시설을 차지하고 서로를 얼마나 많이 죽였는지 찍어내기 바쁜 와중에 사전이라니. 그러나 정태진이 보기에 미친 사람은 결코 자신이 아니었다. 제 나라를 빼앗기고 제 나라말 하나 못 지킨, 통일된 국어사전 하나 아니 만든 자들이 총칼로 민족을 통일하겠다며 나라를 불바다로 만들고 있는 이 불장난, 이 전쟁이야말로 정말이지 미친 짓이었다.

정태진의 미련한 신념과 열정은 주조공들과 문선공, 인쇄공들의 마음을 움직였다. 1952년 10월 28일 마침내 납활자로 조판을 끝내고, 활판인쇄를 위한 지형까지 떠놓은 다음 세상을 떠났다.

자신을 앞세워 스스로 이름을 높이고 권력과 이익을 좇아다니며 산 사람들은 떠받들고 기념하면서, 스스로 이름을 낮추고 나라의 말과 글을 지키는 일에 생애를 고스란히 바친 정태진의 삶과 정신을 기억하려는 작은 추념 행사 하나 여는 기관과 단체는 아무리 찾아보아도 없다.

정태진과 그의 후손들이 내 것과 내 가족의 것을 위해 누구에게 무엇을 요구한 적이 단 한 번이라도 있었던가. 빼앗긴 나라에서 우리말을 지키기 위해 청춘을 바치고, 해방된 나라에서 다시는 빼앗아 갈 수 없는 통일된 우리말 사전을 만드는 일에 목숨을 바친 한 인간의 흔적이 이렇게 희미하게 지워지도록 지켜보고만 있는 것이 과연 옳은 것인가.

정태진과 그의 동료들이 목숨을 바쳐가며 지키고 다듬은 모국어 없이도 오늘날 세계를 휩쓰는 K-팝, K-드라마가 출현할 수 있었을까. 누구의 희생과 헌신, 피와 눈물 위에서 오늘의 문화강국 대한민국이 존재하는지, 우리는 기억해야 한다.

그럼에도, 모국어를 수단으로 문장을 다루며 살아가는 작가 중에도 정태진의 이름 석 자를 기억하는 사람이 드물다. 그러니 가수와 배우들이 자신의 노래와 대사 한 문장에 스민 피의 역사를 알 리 없다.

더구나,

정태진이 태어나고 묻힌 교하의 아랫마을 문발리에 들어선 출판도시에 발 딛고 일하는 사람들조차 매일같이 자신이 다루는 바로 그 말과 글, 활자를 지키고 다듬기 위해 일생을 바친 아주 특별했던 한 인간의 존재를 모른다는 건 너무나 서글픈 일이다.

우리 말과 글을 지키는 일에 생애를 바친 한 인간의 흔적이 아무런 말과 글의 보살핌도 받지 못한 채 사라지지는 않았으면 하는 바람으로 이 책을 펴낸다. 자료와 시간을 내주신 정태진 선생의 장손 정시영 선생과 도움을 준 배문철 선생, 정태진 선생을 기억하는 일에 함께하는 출판도시 활판인쇄박물관 식구들에게 깊이 감사드린다.

2020년 10월

방현석

목 차

명예와 권력 마다하고
한글운동에 일생을 바친 파주人

“말과 글은 한 민족의 피요, 생명이요, 혼이다.
이 땅의 모든 애국자는 다 함께 일어나
우리의 말 우리의 글을 피로써 지키자!”

-정태진 [말과 글을 피로써 지키자] 중에서

경성고보 선후배가 된 파주의 부자 수재

정태진선생은 1903년 7월 25일 파주군 금촌읍 쇠재마을(현 파주시 금릉리)에서 태어났다. 그의 집안은 대대로 쟁쟁했다. 정태진의 14대 할아버지인 충정공 정응두는 좌우찬성 영의정을, 13대 할아버지인 고암공 정윤희는 강원도 관찰사를, 10대 할아버지 정시백은 공조참의를 지냈다. 6대 할아버지 정재묵은 1792년 과거에 장원급제해 황해도 도사를 지냈고, 3대 할아버지인 정대선(1838-1911)은 통정대부를 지냈다. 그의 할아버지 정보섭은 개화운동의 물결이 몰아치던 1900년에 이미 〈사서오경(四書五經)〉을 뗀 맏아들 정규원(1882-1943)을 서울로 보내 그해 개천절에 문을 연 대한제국의 관립 한성고보(현 경기고)에 다니게 할 만큼

시대의 흐름을 읽을 줄 아는 분이었다.[1]

정태진의 아버지 정규원은 머리가 비상해서 전국의 수재들이 모인 한성고보 1학년말 시험에서 우등상을 받았다. 그러나 그의 아버지는 2학년 재학 중에 할아버지 정보섭이 별세하자 학업을 중단하고 파주 금릉리로 돌아와 3년 상을 치르고 고향을 지키며 장손의 도리를 다했다.

아버지 정규원과 어머니 죽산 박씨의 맏아들로 태어난 정태진은 어려서부터 매우 총명했다. 아버지 정규원으로부터 직접 한문과 한시를 배운 그는 1914년 교하공립보통학교에 입학하기 전에 이미 〈사서오경〉을 떼었다.

보통학교를 졸업한 1918년에는 조선에서 가장 우수한 학생들이 입학하는 경성고등보통학교(경성고보/현 경기고)에 합격하여 파주지역의 자랑이 되었다. 종로의 화동언덕(화동 1번지/현 정독도서관)에 자리 잡은 경성고보는 아버지 정규원이 다닌 한성고보의 후신으로 보통학교 교장과 도지사의 추천을 받은 수재들만 도전할 수 있었다.

그의 아버지 정규원은 1회 입학생이었고 그는 18회 입학생이었다. 2대가 경성고보에 입학한 예는 그때까지 없었기에 큰 화제

---

1 이응호, 석인 정태진 선생의 삶과 정신, 나라사랑 99호, 1999. 34쪽

거리가 되지 않을 수 없었다.

그는 경성고보에 다닌 4년 동안 기차로 통학했다. 기차로 편도 1시간, 왕복 2시간이 걸렸다. 집에서 금촌역까지, 서울역에서 화동언덕까지 걸어서 오가는 데만 왕복 3시간이 걸렸다.

2학년 때인 1919년 3.1운동이 일어났고 경성고보생들은 종로통으로 몰려나가 만세행렬에 앞장섰다. 그는 체포를 면했지만 심훈을 비롯한 22명의 경성고보생들은 구속되었다. 전국의 고등보통학교 중에서 가장 많은 숫자였고, 전문학교에서도 경성고보보다 많은 학생들이 구속된 곳은 경성의학전문학교(경성의전/현 서울대 의대)가 31명으로 유일했다.

"그대여 노력하라.
나도 노력하리니"
-두 스승 사이에서

교명이 경성제일고등보통학교로 바뀌던 1921년 경성고보를 졸업한 정태진은 전문학교 입학자격 검정시험에 합격해 연희전문학교(연전/현 연세대) 문학과에 들어갔다. 미국인 선교사 언더우드가 설립한 연전에 들어간 연유는 일본 제국주의자들의 차별이 없었고, 일본보다 앞선 서양의 문화를 배울 수 있기 때문이었다.

연전 문학과의 4년 교과목은 한문, 국어, 영문학을 비롯해 수신, 역사, 지리, 철학, 교육사, 논리학은 물론이고 동물학, 식물학, 물리학, 회계학, 성서 등 문리과의 온갖 학문 영역을 망라하고 있었다. 정태진은 4년간 모든 과목을 이수했고, 단 한 과목도 90점을 넘지 못한 경우가 없었다. 특히 어학분야에서 탁월했고 1학년

연희 전문 시절의 석인선생(오른쪽에서 세 번째가 석인 선생, 그 다음이 건재 정인승 선생)

자료출처 : 나라사랑 제99집 중에서

3개 학기와 2학년 3개 학기의 한문은 모두 100점을 받았다.[2] 유교 교육이 몸에 배인 그는 사려가 깊고 몸가짐이 반듯해서 동료와 교수들의 신망이 두터웠다. 특히 상해에서 돌아온 독립지사 정인보교수와 미국인 선교사인 빌링스교수는 그를 각별히 총애했다.

미국 감리교단 소속의 빌링스Bliss W. Billings교수는 반제국주의 성향이 강했고 일본의 식민지배를 받고 있는 조선인들에게 매우 동정적이었다. 한국 이름을 변영서로 지은 그는 뒷날 한국에서 감리교 신학교 교장을 지냈고, 1940년에는 필리핀으로 파송되어 활동하던 중 마닐라를 점령한 일본군에 의해 3년간 투옥되기도 했다. 2차 세계대전이 끝난 뒤 다시 한국에 들어와 구제활동을 전개하던 그는 1952년 정태진의 죽음을 안타깝고 비통해 했다. 제자 정태진이 세상을 떠난 이듬해 은퇴하여 미국으로 돌아간 그는 1969년 선한 사마리아 병원in Convallis, Oreg.에서 영면할 때까지 한국을 사랑한 미국인이었다.

빌링스 교수는 졸업을 앞둔 정태진에게 미국으로 유학 갈 것을 권했다. 일제 식민지배가 하루 이틀에 끝나지 않을 것인 만큼 미국으로 가서 더 많은 공부와 준비를 하고 돌아오라는 빌링스

---

2 위의 책, 35쪽

교수의 권유가 아니더라도 정태진은 서구의 사회와 문화를 직접 확인하고 싶었다. 그러나 학생들에게 우리의 고전과 조선의 얼을 가르친 정인보선생은 자신의 제자가 민족교육에 앞장서 주기를 바랐다. 나날이 강화되는 일제의 식민화 정책에 맞선 민족교육의 필요성은 더 절실해지고 있는데, 우리의 얼이 깃든 말과 글을 가르칠 교사는 턱없이 부족했다. 교사난이 심각한 지방에서 그를 초빙하려는 학교가 줄을 이었다. 두 스승 사이에서 망설이던 그에게 결정을 내리게 만든 것은 가족들이었다.

아버지는 미국유학을 완강하게 반대했다. 신학문을 공부하고 개신교를 받아들인 아버지도 조선의 유교문화로부터 아주 자유롭지는 못했다. 주변의 누구도가본 적이 없는 미국으로 집안의 맏이인 그를 유학 보내는 것을 아버지는 용납하지 못했다. 더구나 정태진에게는 당시의 풍습대로 고등보통학교 시절인 열다섯 살에 결혼한 아내가 있었고, 이제 갓 돌이 지난 아들도 있었다.

그는 빌링스교수가 준비해준 유학추천서를 사양하고 함경남도 함흥시의 영생여고로 갔다. 1925년, 4월인데도 관북지방은 아직 날이 추웠다. 영생여자고등보통학교(영생여고보)는 관북지방에서 문을 연 최초의 여성중등교육기관이었다.

영생여고보에서 정태진은 돌사람(석인)이라는 그의 호에 걸맞게 말이 많지 않았지만 신망이 두터운 선생으로 자리 잡았다. 여성교육의 중요성을 일찍부터 깨달았던 그는 영생여고보생들에게 김홍도와 계월향, 마의태자의 이야기를 자주 들려주었다. 임진왜란 당시 남장을 하고 왜군을 물리친 김홍도, 왜장을 껴안고 대동강에 뛰어든 평양 기생 계월향은 일제 식민지에서 살아가는 여학생들의 뇌리 깊숙이 각인되었다. 영생여고보생들은 그가 들려준 신라의 마의태자 이야기도 쉽게 잊지 못했다.

"마의태자는 아버지가 고려 태조 왕건에게 항복한 일을 부끄럽게 생각하고 일생을 조국 부흥에 바쳤다. 너희들도 우리나라가 지금은 일본의 식민지가 되었지만 유구한 역사가 있었다는 것을 기억하고 마의태자처럼 조국을 생각하는 사람이 되어야 한다."

정태진이 조선어 교육에 온 힘을 기울인 것은 말할 나위도 없었다. 말은 영혼의 거처이고 글은 존재의 표상이기에, 말을 빼앗기고 글이 사라지면 영혼도 존재도 없어지는 것이기에 그는 우리말 교육에 게으를 수 없었다.

정태진의 영생여고보 제자인 임옥인은 '선생님은 기회 있을 때마다 국내외의 문학작품, 그 중에서도 주로 우리나라 명시(名

詩)를 풍성하게 소개하여 민족의 문화의식을 심는 데 애쓰셨다. 일본어 사용이 강요되고 우리말 교육이 맥을 못 추기 시작했을 때였지만, 우리는 선생님을 통해 모국어의 아름다움과 국문학의 정수를 접할 수 있었다'고 회고했다. 그러나 그는 학생들에게만 열심히 배우고 익히라고 가르치는 교사가 아니었다. 부지런히 조선어를 조사하고 연구하는 일을 멈추지 않음으로써 스스로 공

함흥 영생여고보 교사 시절의 석인 선생(오른쪽에서 4번째)

자료출처 : 나라사랑 제99집 중에서

부하는 사람의 표상이 되었다.

'그대여 노력하라. 나도 노력하리니.'

영생여고보에서 정태진으로부터 배우고 소설가가 된 임옥인은 그의 가르침 중에서 잊히지 않는 것으로 이 말을 꼽았다. 학생들에게 말한 대로 그도 노력했다. 가르치는 한편으로 관북지방의 사투리를 조사하고 우리말을 한자, 영어와 비교해가며 연구했다. 그럴수록 가지 못한 유학에 대한 아쉬움이 커졌다. 나라를 일본에 빼앗기는 바람에 대중들에게 완전히 자리를 잡기도 전에 말살당하고 있는 우리말의 운명이 너무도 원통했다. 통일된 표준어와 문법체계, 완성된 국어사전 하나 없는 현실이 답답했다. 조선어의 특징과 우수성을 세계의 다른 언어들과 비교하며 연구하여, 우리말을 발전시키고 싶었다.

'코리아 정'이 받은 구두 한 켤레 양복 한 벌

- 1930년 우스터대학 수석졸업생

함흥에서 학생을 가르치는 동안에도 빌링스교수는 자주 그에게 편지를 보내 안부를 묻고 유학을 권했다. 빌링스교수는 언어가 아니라 철학공부를 권유했다. 언어는 철학의 토대인 동시에 철학이 도달한 높이를 보여주는 꽃이었다. 어려서부터 한문으로 된 유교철학을 공부한 정태진은 영문으로 된 서양철학을 배우기로 했다. 그러나 이번에도 아버지의 반대는 완강했다.

"내 눈에 흙이 들어가기 전에는 안 된다."

그러나 조용하고 유순하지만 한 번 세운 뜻을 꺾지 않는 정태진이었다. 그는 아버지의 반대에 곡기를 끊고 대항했다. 결국 자식 이기는 아버지는 없었다. 그의 아버지는 '이러다가 애를 죽이겠다.'는 어머니의 말을 듣고 유학을 허락했다.

함흥을 떠나던 날 영생여고보의 학생들이 역의 승강장까지 따라 나와 눈물로 전송했다. 정태진은 유학을 마치고 반드시 영생여고보로 다시 돌아오겠다고 약속하며 기차에 올랐다.

1927년 6월 정태진은 마침내 유학을 떠났다. 가난한 집안은 그에게 여비 한 푼 보태줄 형편이 못되었다. 경성의전에 다니는 그의 동생은 기차 탈 돈이 없어 파주에서 서울까지 걸어 다니기 일쑤였다. 우스터대학Wooster College 철학과에 입학한 그는 학교에 가장 먼저 등교하는 학생이었다. 도서관의 붙박이 학생이 된 그는 우등생의 자리를 놓치지 않았다. 집안에서 말이 많지 않은 정태진이었지만 유학시절의 이야기는 가끔 자식들에게 하곤 했다.

"어느 날 아침이었어. 그날도 아직 닫혀 있는 교문을 향해 걸어가고 있는데 미국인 학생이 뒤에서 뛰어와서 문을 열어주는 거야. 왜 그러냐고 물어보니, 국적을 가리지 않고 우등생에게 문을 열어주고 먼저 들어가게 하는 것이 우스터대학의 전통이라는 거야."

그의 큰아들 정해동이 듣고 그의 손자인 정시영에게 전해져 온 이야기다. 정태진이 세상을 떠난 다음 태어난 손자 정시영이 아버지로부터 전해들은 이야기가 또 하나 있다.

정태진 선생의 손자 정시영 선생(왼쪽)과 필자 인터뷰

"하숙집에 돌아왔는데 새 구두, 새 모자, 새 양복 한 벌이 있는 거야. 밤새 생각해도 누가 보냈는지 알 수가 없었어. 다음날 지도교수님에게 이 사실을 털어놓고 혹시 그 선물을 보낸 사람이 누군지 아는지 물어봤지. 교수님은 누군지 말을 않고, '어떤 사람이 이역만리에 와서 학비를 벌어가며 열심히 공부하는 모습을 보고 갸륵하게 여겨 보내준 것이니까, 부담가지지 말고 입고 다니게.' 했어. 지금도 그걸 누가 보내줬는지 가끔 궁금해. 빌링스 교수도 아니라 하고."

정말 그가 모르는 어떤 미국인 독지가가 그에게 보낸 익명의 선물이었을까. 아니면 미국에 같이 유학 중이던 한국인 동료학

미국 유학생 총회 동부대회에 참석했던 석인 선생 (오른쪽에서 두 번째)

생이었을까. 1920년대 후반에 미국으로 유학한 한국인들은 아주 드물었고, 특별했다. 정태진은 그 특별한 학생들 중에서 특별히 가난하고, 특별히 공부 잘하는 학생이었다. 뒷날 미군정청 인사처장과 서울 중구에서 8선 국회의원을 지낸 정일형박사, 뒷날 국회의원과 재무부장관을 지낸 김도연박사, 뒷날 이화여대 총장을 지낸 김활란, 뒷날 자유당 정권의 부통령을 지낸 이기붕 등이 당시 미국유학생들이었다. 이들과 함께 활동을 하며 찍은 '재미유학생총회' 사진이 있었는데, 정태진이 가지고 있는 사진 한 장만 유일하게 국내에 들어와 전해지고 있다. 사진 좌우에 '재미조선

컬럼비아 대학교 도서관 앞에서 학우들과(왼쪽 끝이 석인 선생)

자료출처 : 나라사랑 제99집 중에서

유학생총회'라는 현수막 때문에 다른 사람들은 귀국할 때 가지고 오지 못했지만 정태진은 책장에 감추어 가지고 온 것이었다.

1930년 우스터대학을 수석으로 졸업한 정태진은 바로 컬럼비아대학교Columbia University대학원에 진학하여 교육학을 전공하고 이듬해인 1931년 6월 석사학위를 받았다. 영어실력이 뛰어날 뿐만 아니라 서양인들이 너무나 어려워하는 한문에 능통하고, 일본어와 조선어까지 4개국어를 자유롭게 구사하는 그를 아껴주었던 지도교수는 박사과정에서 계속 공부하라고 했다. 그러나 그는 조국에서 할 일이 기다리고 있다며 지도교수의 호의를 사양하였다.

유학기간 단 한 푼의 학비도 보내주지 않았지만 정태진은 미국에서 고학하며 번 달러를 남겨가지고 파주로 돌아와 집안의 빚을 갚았다.

조선어 사전이 남아 있는 한 조선은 사라지지 않는다

-조선어 과목을 폐지당한 조선어 교사의 선택

정태진은 함흥으로 돌아갔다. 미국에서 석사학위를 받고 돌아온 그에게 서울의 전문학교와 고등보통학교에서 오라는 제안이 있었지만 그는 흔들리지 않았다. 다시 돌아가겠다고 한 영생여고보 학생들과의 약속도 약속이었고, 원래 친일파와 친일파로 변절한 지식인들을 가는 곳마다 마주쳐야 하는 서울에 머무르고 싶지가 않았다. 내 나라 수도 한 복판에서 일본 순사에게 불심 검문을 당하며 살고 싶지도 않았다.

서울의 좋은 곳은 다 일본인과 친일파의 차지가 되고 있었다. 항일 인사들은 상해와 연해주로 떠나고, 국내에 있던 독립지사들은 감옥으로 갔다. 살길이 막막해진 백성들은 만주로 쫓겨났다. 부모가 반대하고 아내와 자식들이 내켜하지 않았지만 그는 금촌역에서 북행선 기차를 탔다.

함흥은 아직 서울과 같지는 않았다. 낮에는 학교에서 학생들에게 조선을 가르치고, 저녁이면 학교 근처 하숙방에서 방언수집과 정리로 밤이 깊어가는 줄 모르고 일했다. 학생들은 4개국어를 능통하게 구사하며 조선어의 우수성과 아름다움, 중요성을 조목조목 열거하는 그의 강의를 스폰지처럼 빨아들였다.

부처 같은 심성에 말수가 적고 속 깊기로 유별해서 학생들로부터 '괴수도깝(도깨비 우두머리)'이라는 별명까지 받고 있던 그였다. 일에 지치면 바둑을 두며 외로움을 달랬다. 그렇게 배운 바둑이 나중에는 1급이 되었다.

함경도 태생의 연희전문 문학과 출신으로 서울의 경신학교 교사로 있던 이시웅이 학교를 맞바꾸자고 제안했지만 정태진은 그 자리에서 거절했다. 그는 자신이 있어야 할 자리가 바로 여기임을 조금도 의심하지 않았다. 끝내 아들이 함흥에서 돌아오지 않자 그의 부모는 큰 아들 해동이와 외롭게 지내는 며느리 권정옥을 함흥으로 보냈다.

영생여고보 동료교사였던 서창균(뒷날 이화여대 교수)은 정태진부부가 자기들의 집에서 함께 지낼 수 있도록 배려해주었다. 권정옥은 결혼 후 처음으로 매일같이 남편을 가까이에서 지켜보며 지낼 수 있는 것이 꿈만 같았다. 딸 정해경이 서창균선생의 문간방에서 태어날 때는 파주에서 시어머니가 와서 해산 뒷바라지를 해주었다.

그러나 꿈과 같은 나날은 오래 지속되지 않았다. 일제는 1938년 3월부터 조선의 모든 학교에서 조선어과목을 폐지시켰다. 조선어교사 정태진은 '수신'과 '대수'를 가르쳐야 했다. 비애와 울분이 하루에도 몇 번씩 차올랐지만 학생들에게 민족의식을 일깨워야 한다는 소명감으로 교단에 섰다.

조선어를 가르치지 못하는 조선어교사로 살아가는 것을 더는 견디기 어려운 지경에 이르렀을 때 그에게 한 통의 편지가 날아들었다. 1940년 1월이었다. 발신인은 연희전문 문학과에서 의기투합해서 형제처럼 지낸 정인승.

일제의 조선말 말살 정책으로 이 지구상에서 조선말이 없어져 가고 있음이 안타까와서 고창고보 교사직을 내던지고, 조선어학회에 와서 봉사하고 있는 중인데, 같이 조선어학회에서 일하자.

이심전심이란 이럴 때 쓰는 말이었다. 정태진은 1940년 봄방

학과 함께 학교에 사직서를 내고 그토록 가기 싫어했던 서울로 갔다. 조선어학회에서는 일제 침략자들이 조선의 말글을 아예 없애기 전에 조선말 큰사전을 만들기 위해 온 힘을 기울이고 있었다.

일본이 지도상에서 조선을 지워버린다고 해도 조선말이 남아 있는 한 조선은 사라지지 않는다. 일제가 아무리 조선어 사용을 금지시켜도 『조선말 큰사전』이 있는 한 조선말은 반드시 되살아날 것이다. 『조선말 큰사전』이 있어야 언제라도 우리말을 되살리고, 우리말을 되살려야 우리나라를 되찾을 수 있다는 것이 조선어학회의 판단이었다. 이런 판단에 입각한 조선어학회의 활동은 정태진의 신념과 정확히 일치했다.

정인승은 연희전문 문학과 동기였지만 나이는 정태진보다 여섯 살 위였다. 연희전문 시절부터 뜻과 마음이 맞았던 두 사람은 전국각지에서 보내오는 자료를 정리하고, 어휘별로 풀이와 주석을 다느라 밤을 새는 일이 비일비재했다.

그러나 서울로 올라온 지 한 달도 안 되어 정태진은 함흥으로 돌아가야 했다. 그의 퇴직을 반대하는 학생들의 성화에 견딜 수 없게 된 학교에서 얼마 동안이라도 더 있어달라고 통사정을 했기 때문이었다. 한 마디도 놓치지 않겠다는 듯 눈을 반짝이며 자

조선어학회 시절 <우리말 큰 사전> 편찬실의 석인 선생(오른쪽 끝)

신의 강의를 듣던 학생들이 눈에 밟히기도 했던 그는 영생여고보에서 한 해를 더 일한 다음, 1941년 봄 서울 서대문으로 이사를 했다.

그의 둘도 없는 친구 정인승은 여전히 조선어학회 사무실에서 사전 원고와 씨름하고 있었다. 정태진은 지난 1년의 시간을 보충할 작정으로 아예 집에서 이불을 챙겨와 조선어학회에서 숙식을 하며 밤낮으로 『조선말 큰사전』 만드는 일에 몰두했다. 그

표준어 사정 제1차 회의에 참석한 의원들(1935년)

와중에서도 정태진은 생활비를 마련하기 위해 YMCA 부설 영창학교의 지리과목 강의를 했다.

마침내 1942년 3월 『조선말 큰사전』 제 1권이 인쇄에 들어갔다.

여고생 일기장 털기로 시작된 조선유일의 지식인 조직 말살 작전

-조선어학회 사건의 첫 희생자가 된 정태진

『조선말 큰사전』 제 1권을 완성한 기쁨이 채 가시기도 전인 1942년 8월 말 서대문구 미근동 60-18번지 그의 집으로 등기 우편물 한 통이 배달되었다. 발신자는 홍원경찰서였다. 안에 든 우편물의 내용은 치안유지법 위반사건의 참고인으로 함경남도 홍원경찰서로 출두하라는 것이었다. 출두 기일은 9월 5일이었다.

예감이 좋지 않았지만 형사들이 연행하러 온 것도 아니고, 피의자로 출두하라는 것도 아니어서 정태진은 설마하며 서울역에서 기차를 타고 홍원으로 갔다.

정태진의 취조를 담당한 홍원경찰서 고등계 형사부장 안정묵이 던진 질문은 뜻밖이었다.

"국어가 무엇인가?"

정태진이 대답하지 않자 안정묵이 언성을 높이며 다시 물었다.

"일본어가 국어인가, 아니면 조선어가 국어인가?"

정태진은 시선을 허공에 둔 채 여전히 대답을 하지 않았다.

"조선어를 국어라고 가르친 저의가 뭔가?"

비로소 무슨 일인지를 어렴풋이 짐작한 정태진은 고개를 저으며 처음으로 입을 열었다.

"무슨 말인지 모르겠소."

"모르겠다? 영생여고보에서 학생들에게 조선어를 국어라고 가르치고도 모른다?"

사건의 발단은 홍원경찰서 고등계 형사들이 압수한 영생여고보 4학년 박영희의 일기장이었다.

한 해 전 일본유학을 마치고 귀국한 박영희의 삼촌 박병엽은 홍원의 전진역에서 일본인 형사 후카자와의 검문에 조선어로 대답을 하였고, 화가 난 후카자와는 박병엽을 잡아넣을 구실을 찾기 위해 그의 집을 압수수색했다. 그러나 아무리 뒤져도 트집거리가 나오지 않자 조카인 박영희의 방에 있던 일기장까지 샅샅이 뒤졌다.

박영희가 2학년 때 쓴 일기장의 한 문장을 보고 쾌재를 부른 것은 형사부장 안정묵이었다.

"오늘 국어를 네 번 사용하고, 네 번 벌을 받았다!"

3년 전인 1938년부터 이미 조선어 과목이 폐지되고 일본어를 국어로 가르쳤다. 일기장은 박영희가 2학년 때인 2년 전에 쓴 것이었다. 대체 어떤 놈이 일본어를 사용했다고 벌을 주었단 말인가. 안정묵은 박영희를 소환해서 국어를 쓴다고 벌을 준 교사가 누구인지 대라고 호통을 쳤다. 그러자 박영희는 자신이 조선말을 쓰다 혼이 난 것이고, 일기장은 조선어라고 써야 할 것을 실수로 국어라고 잘못 쓴 것이라고 대답했다.[3]

그러자 안정묵은 조선어를 국어라고 가르친 교사가 누구인지를 대라고 몰아붙였다. 여러 날에 걸쳐 박영희를 추궁했지만 '제가 철없을 때 조선어라고 써야 할 것을 국어라고 잘못 썼다'며 버티자 그녀의 일기장에 자주 이름이 나오는 동급생들을 불러 서로 말이 어긋나는 부분을 간교하게 파고들어가며 취조를 했다. 협박과 이간질, 속임수에 넘어간 어린 학생들을 통해 안정묵은 교사 세 명을 용의자로 압축했다.

김학준, 그는 일본대학 경제과를 졸업하고 농촌계몽활동에

---

3 김상필, 석인선생과 조선어학회 수난 사건, 나라사랑 99호, 1999. 162쪽

관심이 많은 공민과 교사였다.

최복녀, 그녀는 영생여고보를 졸업하고 일본여자미술전문학교 수예과를 졸업하고 모교에 수예과 교사로 재직 중이었다. 박영희의 2학년 일기장에 '검인' 도장을 찍은 담임이기도 했다.

정태진, 조선어와 영어를 담당하다 1938년 3월부터 조선어와 영어 교과가 폐지되면서 대수와 공민 등을 가르치다 학교를 떠난 인물이었다.

형사부장 안정묵은 이 셋 중에서도 정태진에게 가장 먼지 혐의를 두었다. 그러나 며칠간이나 잠을 재우지 않고 정태진을 심문했지만 아무것도 얻어내지 못한 안정묵은 수사의 방향을 '영생여고보생 일기장'사건에서 '조선어학회'사건으로 바꾸었다.

"조선어학회라는 곳이 무엇을 하는 곳이오?"

"말 그대로 조선어를 연구하는 곳이오."

정태진은 당당하게 대답했다. 일본이 좋아할 일은 아니었지만 공개적으로 활동하는 연구기관을 숨길 이유가 없었다. 그러나 안정묵의 음흉한 머리는 빠르게 돌아갔다. 학교에서 조선어를 폐지하고, 지구상에서 아예 없애버리려고 하는 조선어를 연구한다는 사실 자체가 불순하기 짝이 없는 일이었다. 더구나 조선어학회는 이제 조선에 남아있는 반일성향의 유일한 지식인 조직이었다. 직접적인 항일활동의 증거는 없었지만 그 어떤 항일 인사들보다 뼛속 깊숙이 민족의식을 가지고 일본의 지배를 거부하는 자들이 모인 곳이 조선어학회였다.

"지금 맡고 있는 일은 뭐요?"

"조선어 사전을 만드는 일이오."

이 역시 공개적으로 말을 모으는 작업을 벌이며 진행하는 일이라 숨길 이유가 없었다.

"여기서 나가면 뭘 할 생각이오?"

"하고 있던 조선어 사전 만드는 일을 계속해야지요."

안정묵은 너무나 태연자약하게 대답하는 정태진을 구치소에서 불러내, 경찰서 뒤에 있는 무덕전으로 데려갔다.

"이제 단맛을 좀 보아야 제 정신이 들 거야."

고문이 시작됐다. 당시 전국 각지에 세워진 무덕전은 겉으로는 유도, 격검 등 무술 연습 장소라고 내세웠지만 뒤로는 사상범을 고문하는 곳으로 사용했다. 일제는 항일 세력을 말살하기 위해 잔인무도한 온갖 고문 수법을 동원했다. 난장치기, 코에 고추가루 물 붓기, 뒷짐 묶어 천정 매달기, 손톱과 발톱 사이에 죽침 꼽기, 인두로 손가락과 발가락 지지기, 전기고문, 목조르기…[4]

---

4 김상필, 석인선생과 조선어학회 수난 사건, 나라사랑 99호, 1999. 162쪽

그런 고문을 몇 시간씩 당하고 나면 어떤 장사라도 버틸 수가 없다. 고문자들이 요구하는 것을 인정하고 나서, 정신이 돌아오면 아니라고 다시 부인했다. 그러면 다시 고문이 시작되고, 죽음의 경계에서 다시 인정을 하게 만들었다.

한 달 가까이 이어진 취조와 고문을 통해 정태진의 항복을 받아낸 일제는 그해 10월 1일 새벽 경성에 거주하던 조선어학회 핵심 인사들에 대한 1차 일제 검거에 나서 11명(이중화, 이윤재, 이극로, 최현배, 김윤경, 장지영, 이희승, 정인승, 한징, 권승욱, 이석린)을 체포했다. 뒤 이은 2차 검거에서 7명(이우식, 김법린, 정열모, 이병기, 이만규, 이강래, 김선기)을 체포했다. 그해 12월에는 8명(이인, 안재홍, 김양수, 장현식, 서승효, 정인섭, 윤병호, 이은상)을 체포했다. 다음해인 1943년 3월에는 김도연, 서민호를 체포했다. 그렇게 체포되어 홍원경찰서 구치소에 수감된 조선어학회 관계자만 29명이었다.

안정묵 홍원경찰서 형사부장과 함께 이들을 고문하는데 앞장선 것은 함남경찰부에서 파견 나온 주병훈 수사계 주임, 김근치 형사부장 등 고문전문가들이었다.

방종현, 백낙준, 곽상훈 등은 구속을 면했지만 경찰조사를 받고 곤욕을 치른 사람만도 48명에 달했다.

미국의 본격적인 참전으로 전세가 기운 일본의 발악은 더욱 악독해졌다.

1942년 9월 5일 여름옷을 입고 홍원경찰서에 출두한 정태진은 가을이 가고 겨울이 올 때까지도 구치소와 조사실, 무덕전을 오갔다. 끔찍하고 끈질긴 취조와 고문이 이어졌다. 조선어학회 동료들을 추가로 검거하여 압송해오면 잠시 멈추었던 조사가 다시 시작되었다. 자신들이 원하는 대로 진술이 일치할 때까지 폭행과 고문, 자존심을 뭉개는 비열한 모욕이 이어졌다. 밤이면, 철창 안에서 낮 동안 이를 악물고 참았던 눈물이 하염없이 흘러내렸다.

해가 바뀌어, 1943년 설이 임박했다. 간수가 전보 한 통을 전해주었다. 전보에 찍힌 네 글자를 보고 정태진은 전보를 손에 쥔 채 주저앉고 말았다. 부친별세.

일제 경찰은 아버지의 상을 치르고 오게 해달라는 정태진의 부탁을 싸늘하게 거절했다. 정태진은 곡기를 끊은 채 감방 한쪽 구석에 찬물 한 대접을 떠놓고 아버지의 장례를 홀로 치렀다.

끔찍이 믿고 기대했던 맏아들이 경찰서에 잡혀 들어갔다는 소식을 듣고 쓰러졌던 그의 아버지 정규원은 계절이 두 번이나 바뀌어도 풀려나지 않는 그를 기다리며 나날이 쇠약해지다 끝내 세상을 떠나고 만 것이다. 그의 미국유학을 '내 눈에 흙이 들어가기 전에는 안 된다.'며 반대했던 아버지의 마지막 가는 길을 같은 조선의 하늘 아래 있으면서도 정태진은 지키지 못했다.

해 두고 헛 읽으니 이룬 일 무어런고

이룬 일 전혀 없고 죄만은 가볍잔네

이팔 남아의 원한은 크고 큰데

무심한 저 하늘은 소리조차 없구나

망국한 섧다고 하거늘 아비 또한 돌아가니

망망한 하늘아래 내 어디로 가잔말고

한 조각 외론 혼이 죽잖고 남아 있어

밤마다 꿈에 들어 남쪽으로 날아가네

- 정태진 〈흥원의 감옥에서〉

1949년 6월 12일에 찍은 조선어학회 사건 수난자 동지회 기념 사진. 앞줄 좌측부터 김윤경, 정세권, 안재홍, 최현배, 이중화, 장지영, 김양수, 신윤국, 가운데 줄 왼쪽부터 김선기, 백낙준, 장현식, 이병기, 정열모, 방종현, 김법린, 권승욱, 이강래, 뒷줄 왼쪽부터 민영욱, 임혁규, 정인승, 정태진, 이석린

자료출처 : 한글학회

사람은 아무리 어려운 처지에 놓이더라도 정도를 걸어야 한다

- 아들 정해동의 함흥형무소 특별면회

정태진은 홍원경찰서 유치장의 창살너머로 고향 파주가 있는 남쪽 하늘을 바라보았다. 밤이면 고향을 향한 그리움과 아버지를 향한 죄스러움이 꿈에 파고들었다. 아버지의 상을 유치장에서 치루고 나서 봄과 여름이 가고 다시 가을이 와서야 함흥지방검찰국(담당 검사 아오야기)은 정태진을 비롯한 16명을 구속기소하고 12명(이강래 김윤경 김선기 정인섭 이병기 윤병호 서승효 이은상 서민호 이만규 권승욱 이승효)를 기소유예로 석방시켰다. 1943년 9월 18일이었다. 정태진은 석방되지 못했지만 당장은 기뻤다. 재판을 받고 징역을 더 살게 되겠지만 홍원경찰서 유치장을 떠날 수 있었기 때문이다. 함흥형무소로 간다는 것은 한 해동안 이어진 끔찍하고 집요했던 조사와 심문, 취조와 고문이 비로소 끝난다는 것을 의미했다.

하지만 함흥형무소로 이감된 다음, 하염없이 미뤄지는 재판을 기다리고 있던 어느 날 정태진을 면회 온 사람이 있었다. 그것도 사무실에서 하는 특별면회였다. 사무실에 기다리고 있는 사람은 아들 정해동이었다. 예감이 이상했다. 철창을 사이에 둔 일반면회도 잘 시켜주지 않는 형무소가 아들과의 특별면회를 허락하다니.

"니가 어쩐 일이냐?"

창백한 얼굴에 수의를 입은 아버지를 바라보며 아들은 눈물만 주르르 흘리렸다. 말을 하지 못하는 아들에게 정태진은 다시 물었다.

"집안에 무슨 일이 있느냐?"

아들은 고개를 저으며 준비해온 음식보자기를 책상위에 내려놓았다.

"어머님이 만드신 것들입니다. 드십시오."

그가 몇 점을 먹은 다음에야 아들이 입을 열었다.

"제가 군대에 나갑니다."

정태진은 아버지가 돌아가셨다는 소식을 들었을 때만큼이나 놀랐고, 아들은 옆에 앉아 있는 간수의 눈치를 보며 덧붙였다.

"징병 1기로 중국방면으로 가게 되었습니다."

일본군의 총알받이로 끌려간다는 소리였다.

"그래서 특별면회를 받았습니다."

정태진은 억장이 무너져 내렸지만 잠시 눈을 감고 마음을 가라앉혔다. 이제 열아홉에 일본의 총알받이로 끌려가야 하는 아들의 마음은 어떨까. 일본에게 제 나라의 말을 빼앗기고 형무소에 들어와 아버지를 저 세상으로 보낸 그가 이번에는 일본에게 제 나라를 빼앗기고 아들을 원수의 총알받이로 내보내는 못난 아비가 되어 있었다. 해줄 수 있는 것이 아무 것도 없었던 정태진을 열아홉 살 아들이 오히려 걱정했다.

"아버님, 부디 몸을 잘 보살펴서 강건하게 집으로 돌아가십시오."

정태진은 하마터면 쏟아질 뻔 한 눈물을 참고 아들을 향해 말했다.

"내 걱정은 말아라. 내 머지않아 나갈 것이니 가족들 걱정 역시 하지 않아도 된다. 어려운 길을 떠나는 너에게 애비가 해줄 것이 없어 미안하구나. 그래도 이 말은 꼭 해주고 싶다."

정태진은 아들의 손을 감아쥐고 지긋이 바라보며 말을 이었다.

“사람은 어떤 어려운 상황에 처하더라도 정도를 걸어야 한다.”

함흥형무소에서의 한 정태진의 유일한 특별면회는 그렇게 끝이 났다. 그리고 돌아선 아들 정해동은 일본군에 끌려가 중국 하남성(河南省) 개봉시(開封市) 전선에 배치되었다.

재판을 위한 예심은 정태진이 함흥형무소로 옮겨와 1년을 더 지난 다음에야 이루어졌다. 1944년 9월 30일 예심판사 나카노(中野虎雄)는 정태진을 비롯해 정인승, 이극로, 최현배, 이희승, 김양수, 김도연, 이우식, 이중화, 김법린, 이인, 장헌식을 재판에 회부했다. ‘경찰은 때려서 죽이고, 판사는 끌어서 죽인다’는 말이 조금도 틀리지 않았다.

함흥지방검사국 아오야기 검사가 구속기소한 16명 가운데 장지영과 정열모만 재판에 회부하지 않고 나머지 12명을 모두 본재판에 넘긴 것이다. 구속기소된 사람 16명 가운데 재판에 넘겨진 12명과 석방된 2명을 제외한 2명은 어디로 갔을까. 경찰과 검찰에 죽도록 맞고 함흥형무소로 온 그들을 법원은 재판을 끌어서 죽였다. 이윤재와 한징은 법원이 재판을 끄는 사이에 함흥형무소의 겨울을 견디지 못하고 세상을 떠났다. 구속자들 중에서 최고령이었던 이윤재 선생은 고문 후유증에 영양실조까지 겹쳐 겨우 숨만 붙어 있는 상태였다. 일제는 간신히 숨만 쉬며 누워 있은 이윤재선생을 방치했고, 결국 혹한이 시작되던 1943년 12월 8일 온기 한 점 없는 함흥형무소에서 그는 숨 쉬기를 멈추었다. 그리고, 그 겨울의 혹한이 마지막 기승을 부리던 이듬해 2월 22일에는 한징선생이 홑담요 한 장을 덮은 채 감옥에서 최후를 마쳤다.

정태진은 그들의 죽음이 제일 먼저 잡혀 들어온 자신의 탓인 것만 같아 누구보다 힘들고 가슴이 아팠다. 참으로 훌륭한 학자였으며 인격자였던 이윤재와 한징선생이 지은 죄는 제 나라를 사랑하고 제 나라의 말을 지키려고 한 것 밖에는 아무것도 없었다. 정태진은 눈물을 훔치며 다짐했다.

남은 생애를 다 바쳐서 우리말을 지켜내고 끝내 나라를 되찾아, 저 세상에 가서 두 선생께 떳떳하게 인사 올리겠다고.

니시다판사를 주심으로 하는 1심 재판부는 1944년 12월 21일에서 1945년 1월 16일 사이에 12명 중 11명에게 유죄를 선고했다. 무죄는 장헌식 한 명이었다.

정태진은 구속된 2년 3개월만에 징역 2년을 선고받았다. 조선어학회에서 함께 일한 그의 벗 정인승의 형량도 징역 2년이었다. 취조와 고문, 재판으로 지나간 시간이 벌써 2년을 넘겼지만 구치소 구류기간 (통산 750일)이 병과되어 출감할 수 없었다.

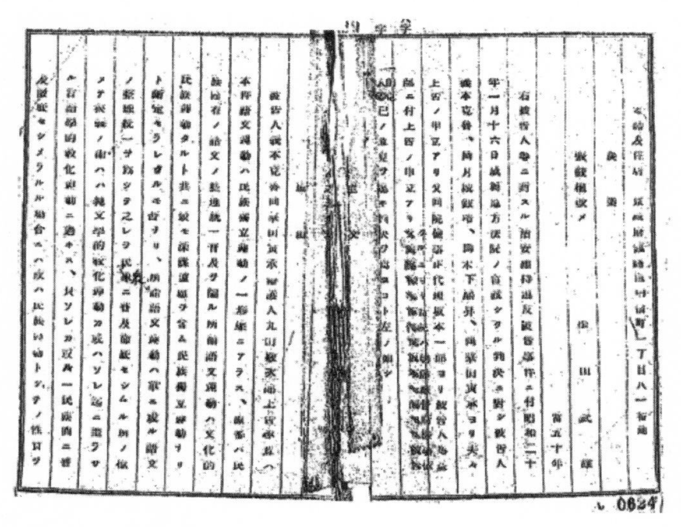

조선어학회사건 경성복심법원 판결문(1945. 8. 13. 국가기록원 소장)

조선어학회의 지도자였던 이극로는 6년, 최현배는 4년, 이희승은 3년 6개월이었다. 김법린, 이중화 이우식 김양수 김도연 이인은 징역2년, 집행유예 4년을 받아 출옥했다.

감옥에 남은 다섯 사람 중에서 네 사람(정인승, 이극로, 최현배, 이희승)은 1945년 1월 18일 고등법원에 항소했지만 정태진은 항소를 포기했다.

끌고 또 끄는 일제의 재판 행태로 볼 때 항소심 선고가 만기 출소 전에 이루어질 리 없었다. 가장 먼저 잡혀 들어가 가장 가혹하고 긴 시간을 조사와 고문으로 보낸 정태진은 경찰과 검찰, 1심 법원을 거치며 반복해야 했던 진술을 되풀이하고 싶지도 않았다. 물론 상고를 하면 재판부가 받아들이지는 않겠지만 조선인이 조선말을 연구하고 조선어 사전을 만드는 일이 죄가 될 수 없음을 법정 기록으로 한 번 더 남겨둘 수는 있었다. 상고심이 받아들여지면 그나마 사정이 나은 서울의 형무소로 이감이 가능할 수도 있었다. 그러나 그는 그럴 수 없었다. 항소에 필요한 돈이 없었기 때문이다.

아버지가 돌아가고 나서 가뜩이나 어렵던 집안의 형편이 얼마나 더 궁핍해졌을지는 불문가지였다. 정태진의 동생 정희진은 경성의전(현 서울대 의대)에 입학했지만 기차 탈 돈이 없어 파주에서 서울까지 숱하게 많이 걸어다녀야 했다. 그렇게 어렵게 경성의전을 졸업했지만 너무 심약해서 병원근무를 포기하고 학교의 양호교사로 일하던 동생의 벌이로는 남은 가족이 하루 세끼 밥을 먹기도 힘든 형편이라는 걸 그는 잘 알고 있었다.

정태진이 함흥형무소에서 만기 출소한 것은 해방을 한 달 반

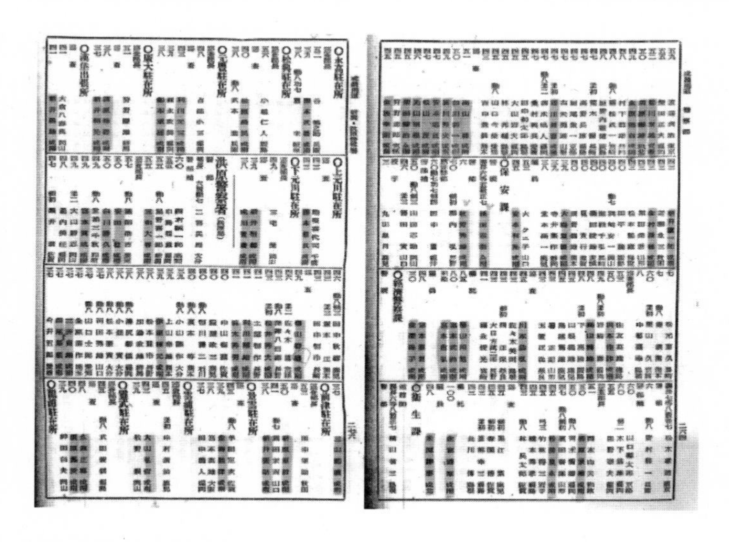

홍원경찰서와 함남경찰부 고등경찰과 형사 명부(〈조선경찰직원록〉 1943)

앞둔 1945년 7월 1일이었다. 상고를 했던 4명의 2심 판결은 1945년 8월 13일 내려졌다. 전원 기각. 그들이 원심확정 판결을 받은 이틀 뒤 정오, 일본 왕은 연합군에 무조건 항복하겠다는 발표를 했다. 조선어학회 사건으로 형무소에 남아있던 네 사람(정인승, 이극로, 최현배, 이희승)은 이틀 뒤인 8월 17일 감옥을 나왔다.

모국어를 배반한 작가들과
조선어학회의 위대했던 '한글사수 항전'

- 봉오동·청산리대첩에 버금가는 문화항전

정태진뿐만 아니라 조선어학회 구속자들은 단 한 명도 조국을 배신하지도, 모국어를 배반하지도 않았다. 그것은 결코 쉬운 일이 아니었다. 입신 영달을 위해 자발적으로 조국을 배신하고, 모국어를 배반하던 자들이 줄을 잇던 시대에 정태진과 그의 동지들은 변절을 거부하고 목숨을 건 항전을 선택했다.

1936년 12월 일본은 치안유지법 위반자를 감시하기 위한 '조선사상범보호관찰령'을 제정하고, 경성 · 함흥 · 청진 · 평양 · 신의주 · 대구 · 광주에 보호관찰소를 설치하여 항일 '사상범'을 '보호관찰'이라는 미명 아래 구금 · 감시했다. 1937년 2월에는 이른바 '대화숙'이란 것을 만들어 항일 '사상범'을 강제로 가입

시키고 친일활동을 강요했다.

1938년 중반부터는 '황국신민으로서 사상국방전선에서 반국가적 사상을 파쇄 격멸하는 전사가 되겠다'는 선서를 시키고 전향한 항일 사상범들로 '시국대응 전선(全鮮)사상보국연맹'을 만들어 친일 선전전에 투입하였다. 일본 침략자들은 1941년 2월 전향을 거부하는 항일 사상범을 적법 절차 없이 체포 · 구금할 수 있도록 '조선사상범 예방구금령'을 제정하고 예방구금소를 설치, 운영하기 시작했다. 이 해에 '대화숙'에 편입된 항일 사상범이 9,825명에 달했다. 이 과정에서 수많은 항일 인사들이 친일의 길을 선택했으며 문화계도 예외가 아니었다.

현제명과 홍난파, 안익태와 같은 음악가, 김은호와 김기창, 심형구와 같은 미술가들은 물론이고 모국어를 목숨으로 지켜내야 할 작가들이 앞장서서 창씨개명을 하고 모국어를 배반했다. 최남선, 이광수, 서정주를 필두로 민족의 정신을 다루는 작가들이 친일에 앞장섰다.

나는 간다
만세를 부르고
천황폐하 만세를 목껏 부르고(중략)

반도의 무리가 님께 바친 처음의 피다

- 마쓰무라 고이치(주요한) 〈첫 피〉

내 몸은 이제부터 내 것이 아니요, 가족의 것도 아니요, 황공하옵게도 폐하의 것이며 자율지원의 학병제로 일본인적 애국심의 강도를 다루는 저울이다.

- 히가시 후미히토(김동인)

일제가 강요도 하기 전에 스스로 입신영달을 위해 일본어로 된 문학잡지에 일본어로 쓴 글을 발표하는 청년작가들이 줄을 이었다. 해방 뒤 한국문단의 권력자가 되었던 조연현은 23세에 토쿠다 엥겡으로 창씨개명한 후 〈동양지광〉, 〈국민문학〉, 〈신시대〉, 〈내선일체〉등의 잡지에 열정적으로 일본어 평론을 발표했다.

'일본문학과 대립해서 조선문학이 있는 것은 아니고, 일본문학의 일환으로서 조선문학이 있는 것이다'고 주장한 최재서를 비롯한 친일 문인들은 우리문학의 최대 수치로 기억되어야 할 일본어 문예지 〈국민문학〉등을 통해 부지런하고도 줄기차게 일본을 찬양했다.

이처럼 자신의 영달과 출세를 위해 모국어를 다루는 작가들과 민족의 정신을 다루는 지식인들이 친일에 앞장서고 있던 그 시기에 정태진과 그의 조선어학회 동지들은 감옥에서 목숨을 건 '한글 사수' 항전을 계속했다.

1942년부터 1945년 해방의 순간까지 이어진 고난에 찬 조선어학회의 '한글사수' 투쟁은 항일무장투쟁사에서 차지하는 봉오동 · 청산리 대첩에 버금가는 문화항전이었다. 끝내 투항을 거부하며 모국어를 지켜낸 정태진을 비롯한 조선어학회 회원들의 위대한 문화항전이 있었기에 우리 민족은 문화적 뿌리를 잃지 않고, 대한민국은 세계가 부러워하는 문화강국이 되었다.

한글운동과 정치운동,
어느 쪽이 더 민족을 위한 일인가?
- 군정청 고문과 장관직 제안을 뿌리치고 전념한『큰사전』편찬

해방과 함께 남한에는 미군이 주둔하고, 미군정청이 들어섰다.

영어를 조금만 할 줄 알면 쉽게 한 자리를 할 수 있는 시대에 우스터대학 학부를 수석졸업하고 컬럼비아대학 대학원을 마친 정태진에게는 앞길이 훤히 열렸다. 한국어, 영어, 일어, 한자어, 4개국어에 능통한 우리말 전문가에다, 해방 한 달 전에 일제의 감옥에서 풀려난 항일운동가인 그는 마음만 먹으면 못할 일이 없었다.

컬럼비아대학교 대학원 선배인 군정청 경무부장 조병옥은 정태진에게 군정청 외무부장을 맡으라고 했지만 정태진은 사양했다. 주변에서 모두 의아스러워했지만 정태진은『조선말 큰사전』

작업이 시급해서 다른 일을 할 수가 없다고 했다.

정태진이 『조선말 큰사전』에 그토록 집착한 것은 자신이 가르친 〈영생여고보생의 일기장 사건〉이 발단이 되어 자신이 맨 먼저 구속되었고, 그 결과 〈조선어학회 사건〉으로 확대되면서 이윤재, 한징 선생이 옥사한 데 따른 책임감 때문만은 아니었다. 독립된 나라를 만들려면 통일된 국어가 반드시 있어야 하는데 우리는 아직 체계화된 국어사전조차 없었다. 한 민족의 얼을 담을 통일된 언어가 없는 상태에서 온전한 독립국가를 건설하는 일은 불가능하다고 그는 확신하고 있었다.

우리 인류의 모든 문화는 언어와 함께 시작되어, 언어와 함께 발전되어 온 것이다.

아득히 먼 원시 시대로부터 오늘날까지 우리 인류는 오직 이 언어를 의지하여 우리의 문화를 창조하고 전승하고 보급하여 온 것이다. 만일 인류에게 언어라는 아름다운 보배가 없었던들 오늘날 우리 인류가 가장 자랑하는 모든 문화는 움도 싹도 터 보지를 못하였을 것이다.

언어가 없는 곳에 국가가 어디 있으며, 언어가 없는 곳에 역사가 어디 있으며, 언어가 없는 곳에 교육이 어디 있으랴? –

우리의 국가, 우리의 역사, 우리의 교육은 오직 우리의 언어를 통하여 처음으로 그 존재를 나타내고 그 가치를 드러내게 되는 것이다.

영어를 배우고 영어를 말하는 그 곳에 앵글로색슨의 문화는 그 말을 따라서 쉬지 않고 보급되어 가는 것이요, 러시아의 말을 배우고 러시아의 말을 하는 그 곳에 러시아의 문화는 또한 그 말을 따라서 끊임없이 전파되어 가는 것이다. [5]

정태진은 고향인 파주에서 사람들이 찾아와 국회의원에 출마하면 반드시 당선된다며 출마하라고 간청했지만 일언지하에 거절했다. 그는 자신만이 아니라 다른 한글운동의 지도자들이 정계에 진출하려는 것도 반대했다. 조선어학회 사건으로 함흥형무소에서 함께 수감생활을 했던 이극로선생이 정치에 참여하려고 하자 앞장서 만류한 것도 정태진이었다.

"선생님이 한글운동을 하는 경우와 정치운동을 하는 경우, 어느쪽이 국가와 민족을 위해서 더 이바지하는 일이 되겠습니까?"

이극로선생은 정태진이 한글운동의 제1인자로 평가하고 존경하는 인물이었다. 이극로는 『조선말 큰사전』사업을 이어나가

---

5 정태진, 재건도상의 우리 국어, 《한글》 제11권 제2호, 1946.

기 위해 자신의 재산을 처분하고, 심지어는 가지고 있는 망원경과 카메라, 양복까지 전당포에 잡혔다. 그의 아내 또한 사전작업에 참여한 사람들이 굶고 있다는 말을 듣고 지니고 있던 결혼반지와 비녀를 팔아 끼니를 해결토록 해준 은인이었다.

정태진은 남과 북이 따로 정부를 세워 민족분단의 길로 가는 것을 막기 위해 평양에서 열린 남북연석회의에 참여했던 이극로 선생이 북한에서 돌아오지 않자 몹시 안타까워했다. 한글사전 편찬을 위한 '인고의 세월'을 맨 앞에서 견디며 이끌어왔던 이극로선생의 부재는 한글 운동에 크나큰 손실이었다.

인고의 사전 편찬은
지사들이 외로움을 다한 일이라네
이것도 죄를 지은 일이라면
끝내 시황제의 손에 불살라지리라
목을 놓아 통곡하고파
어이하여 이렇게 갇혀 있는가
깊은 밤 감방에서
홀로 누워 눈물 떨구네

- 이극로 〈함흥형무소에서〉 중

이극로선생이 함흥형무소에서 쓴 이 시에 나오는 '인고의 사전 편찬'이란 일곱 글자에 담긴 아프고 어려웠던 사연들을 정태진은 잘 알고 있었다. 한글을 사수하기 위해 청춘을 바친 그의 눈물과 희생, 비애와 분노, 그러나 끝내 포기할 수 없었던 희망을 정태진은 누구보다 잘 알았다. 필요한 경비와 식비를 마련하기 위해 여기저기 뛰어다니며 후원을 요청했지만 매정하게 거절당하고, 그 참담함을 내색하지 않고 자신의 양복을 전당포에 맡겨 밥값을 마련해주던 이극로 선생의 빈자리가 정태진은 못내 아쉬워했다.

울지도 웃지도 못할 우리말의 풍경

-『큰사전』편찬과 국어교육자 양성, 한글연구 저술활동

정태진은 해방된 조국에서 한글을 온전히 되살리는 것이 얼마나 시급한 일인지 누구보다 절감하고 있었다. 나라가 해방되고 금지되었던 우리의 말과 글도 해방이 되었다. 제 말을 버리고 남의 말을 쓰지 않아도 되었다. 그러나 우리말의 현실은 웃지도 울지도 못할 지경이었다. 정태진은 1946년 5월에 쓴 글에서 해방직후 어이없는 우리말의 풍경 몇 장면을 구체적으로 소개했다.[6]

① 해방된 바로 뒤였다. 서울시 돈암동 어느 집에 반가운 손님이 왔다.

6 정태진, 위의 책.

여주인: 어이, 기노시다 상(木下樣)이 오셨네. 어서 오서요. 아이 참 목하씨(木下樣)! 아이 그러면 솜씨가 되게.

남주인: 아니 그럴 것 뭐 있소. '솜씨'니 '목화씨'니 할 것 없이 '이 선생'일고 하면 그만 아니요?

② 해방이 된 뒤 얼마 지나서 학교를 다시 열게 되었다. 선생님이 출석부를 가지고 와서

선생: 김복동.

학생: 하이, 네.

일동: 하하하하!

선생: 이영자.

학생: 하이, 네.

일동: 하하하하!

이 소식을 들은 어떤 학부형의 말.

"하이네는 독일의 유명한 시인이란다."

③ 어떠한 친구들이 오래간만에 다시 만나서,

갑: 어, 긴 상(金樣)!

을: 어, 리 상(李樣)!

병: 여보게들, 긴 상이니 리 상이니 하는 쪽발이말은 걷어치우게.

갑: 그래, '김' 상.

을: 어 참 그래, '이' 상.

병: 대체 '상'놈들이란 할 수 없네그려! 그래 '상'이란 말을 빼놓으면 말이 없나?

④ 해방 직후 서울 거리에는 별안간 통행하는 사람들의 수효가 부쩍 늘었다. 각처에서 몰려드는 전재(戰災)동포, 정치 부로커, 야미꾼 - 그래서 서울 거리거리에는 음식점이 여간 많이 늘지 아니하였다. 그런데 이상한 것은 '뎀뿌라'라는 음식이 비상한 세력으로 유행되었던 것이다. 그런데 이 말에 대한 맞춤법이 여간 여러 가지가 아니었으니

덴부라. 뒨부라, 뒨부라, 뎀부라, 뒴부라, 뒴부라,

덴색라, 뒨색라. 뒨색라, 뎀색라, 뒴색라, 뒴색라,

덴뿌라, 뒨뿌라, 뒨뿌라, 뎀뿌라, 뒴뿌라, 뒴뿌라.

이와 같이 많았던 것이다. 이것을 본 어떤 어학 선생님의 말, "대

체 맞춤법이 이렇게 문란하니 음식을 먹어도 맛이 없네그려!"

해방된 나라의 우리말 사정이 이러했다. 우리말을 체계적으로 정리하고, 가르치고, 다듬어나가는 일을 하루도 미룰 수 없는 처지였다. 독립국가의 헌법을 만들기 위한 국회의원 선거에 나서겠다는 사람은 넘쳐났지만, 그 헌법을 명문화할 수조차 없게 파괴된 우리말을 복원하고 다듬는 일에 나서겠다는 지도자는 보이지 않았다. 우리말과 글을 지키고자 했던 지사와 학자들이 조선어학회 사건으로 감옥에서 신음하는 동안 한글은 처참하게 파괴되었고, 학문의 대는 끊어졌다. 모국어의 파수꾼이 되어야 할 작가와 시인들까지 친일에 앞장서면서 민족의 정신을 담아야 할 모국어는 왜곡되고 훼손되었다. 해방조선에서 우리말, 우리글을 되살리는 것보다 시급한 일이 없었음에도 실력을 갖춘 한글 학자는 손가락으로 꼽을 지경이었고 교육자도 턱없이 부족했다.

정태진은 『조선말 큰사전』을 만드는 한 편 중앙대학교, 연세대학교, 동국대학교, 홍익대하교, 이화여자대학교, 세종중등 국어교사 양성소로 뛰어다니며 국어학 강의를 해야 했다. 당장 필요한 책을 펴내는 일도 급했다. 군정청 장관이나 국회의원 할 수 있는 사람과 하겠다는 사람이 그 아니어도 넘쳐났지만 이 일은 그와 그의 몇 안 되는 동지들이 아니면 할 수 있는 사람이 없었다.

1946년 6월에는 어문각에서 『한자 안 쓰기 문제』를 펴냈고, 같은 해 10월에는 김원표와 함께 한글사에서 국어과 부교재인 『중등 국어독본』을, 12월에는 신흥국어연구소에서 시가집 『아름다운 강산』을 펴냈다.

『중등 국어 독본』은 정태진이 김원표와 함께 조선어학회 부설 출판사인 '한글사'에서 펴낸 중등 학교 상급학년을 위한 국어과 부독본, 보조교과서였다. 우리말 재건의 기초인 고시조와 고어가 많은 비중을 차지한 이 책은 『훈민정음 언해본』, 『한글 중요 연대표』, 『국문 해설』, 『한글 연구의 연혁』을 부록으로 실었다. 이 책에서 정태진은 '훈민정음', 우리말의 역사와 가치를 단 세 문장으로 설명했다.

'우리 나라의 국문 곧 한글을 이름이니, 세종대왕께서 성삼문, 정인지, 신숙주 등 여러 신하와 협력하여 지으신 것이다. 세종 25년에 처음으로 지으시고 세종 28년에 반포하시었으니, 1946년이 정음 반포후 만 500년이 되는 해이다.

쓰기 쉽고, 읽기 쉽고, 배우기 쉽고, 보기에 아름답고, 조직이

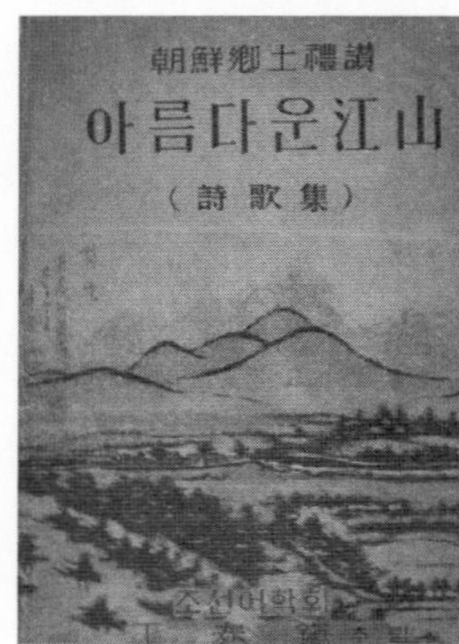

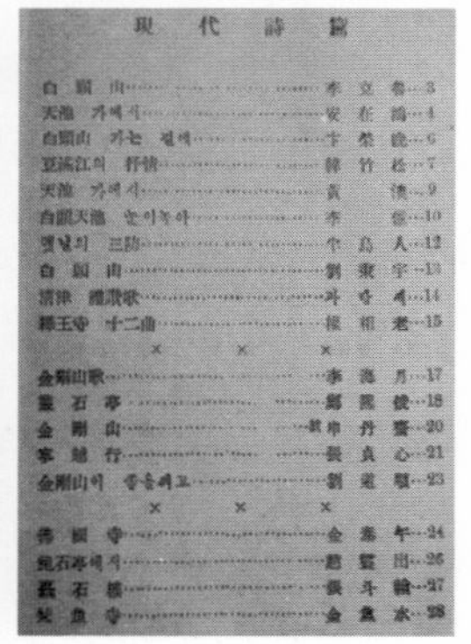

現 代 詩 [illegible]

1 2
3 4

1 『한자 안쓰기 문제』(1946, 어문각)

2 『중등국어독본』(1946, 한글사)

3 『아름다운강산』(1946, 신흥국어연구소) 조선어학회가 광복을 기념해 엮은 시가집과 목차. 아름다운 우리 강산을 예찬한 많은 작가의 작품이 실려 있다.

과학적으로 되어서, 세계 문자사상 가장 우수한 지위를 점령하고 있는 것이 곧 우리 훈민정음이다.'

『중등 국어 독본』의 맨 앞에 수록한 정태진의 시는 우리말과 우리글에 대한 그의 지극한 애정과 함께 그가 왜 명예와 권력을 거들떠보지도 않고 한글운동에 오롯이 일생을 바쳤는지 짐작할 수 있다.

우리의 말은 자연의 꽃이요
우리의 글은 문화의 꽃이다

이 말 이 글이 빛나는 날에
아름다운 꽃 향기

쓸쓸하던 이 강산에
새 봄을 자랑하리

정태진은 이듬해 봄인 1947년 4월에는 연학사에서 『고어 독본』을 펴냈다. 일본이 단절시킨 우리말의 전통을 잇고 재건하기 위해서는 옛말 연구가 필수적임에도 변변한 책 한 권 없는 현실을 탓하지 않고, 눈코 뜰 새 없이 바쁜 일정 속에서 고된 작업을 통해 내놓은 결과물이었다.

1948년 12월에는 김병제와 함께 일성당 서점에서 『조선 고어 방언 사전』을 펴냈다.

이승만정부가 들어선 다음 2대 문교부장관을 맡으라는 제안도 마다한 정태진은 『큰사전』편찬 작업과 국어교육자 양성을 위한 교육, 한글 연구 저술활동에만 전념키로 하고 구체적인 계획도 세웠다. 그는 자신과 조선어학회가 5개년, 10개년에 걸쳐 4단계로 '조리 있게 진행하여 나가야 될' 주요 과업을 명료하게 정리했다.[7]

우리말에 대하여

1. *우리의 표준말을 찾자.*
2. *우리 어법을 연구하자.*
3. *우리의 옛말을 찾아보자.*
4. *우리의 방언을 모아 보자.*
5. *학술어와 시어를 아름답게 연마하자.*
6. *자매어와 비교하여 연구하자.*

---

7 정태진, 세계 문화사상으로 본 우리 어문의 지위, 『석인 정태진 전집』 상권, 1995. 510쪽

우리글에 대하여

1. 맞춤법대로 바로 쓰자.

2. 가로쓰기를 힘쓰자.

3. 풀어쓰기를 연구하자.

4. 초서를 연구하자.

5. 속기술을 연구하자.

6. 타자기를 연구하자

정태진은 현실을 모르는 무능한 지식인이 아니라 진정으로 강인한 실천적 지식인이었다. 해방 후 질풍노도의 시국에서 권력을 마다하고 정치와 거리를 둔 채 그는 국가와 민족의 초석을 마련하는 일에 모든 관심과 시간을 집중했다. 그의 연구, 교육, 저술활동 중에서 그가 정리한 '우리말의 6대 우선과제'와 '우리글의 6대 우선과제'에서 한 치라도 벗어난 것이 없다. 그야말로 철저한 실천적 지식인이었다.

우리의 말을 힘있게 살리고 우리의 글을 크게 밝혀서, 대한민국의 자주적 문화를 널리 세계만방에 선포하고, 만대 자손으로 하여금 배달 민족의 올바른 정신을 꾸준히 북돋아 기르도록 노

력하는 것은 특별히 해방 대한의 문화인, 그 중에도 국어국문학도에게 부과된 위대한 책임인 것이다.[8]

정태진은 '해방 대한의 문화인, 그 중에도 국어국문학도에게 부과된 위대한 책임'에서 자신을 결코 제외하지 않은 참다운 지식인의 전범이었다. 명예와 권력을 누릴 수 있는 기회가 충분히 주어졌음에도 단 한 번 기웃거리지 않았던 그보다 자신에게 철저했던 지식인의 표상은 우리 근현대사에서 그리 흔치 않다.

맨 왼쪽이 석인 정태진 선생

8 정태진, 『우리말 연구』, 『석인 정태진 전집』 상권, 1996년, 243쪽

대포소리를 들으며 완성한 『큰사전』의 활판인쇄 지형

- 자신에게 철저했던 지식인의 안타까운 최후

『조선말 큰사전』 편찬 작업을 하던 한글학회의 사무실을 명동으로 옮긴 것이 1950년 6월 20일이었다.

1945년, 해방이 되자 친일파들은 두려움에 떨며 돈과 땅문서를 들고 와 정태진에게 줄을 대려고 했지만, 그는 거들떠보지도 않았다. 자신의 건물을 조선어학회 회관으로 내놓겠다는 친일파 재력가들도 줄을 이었다. 자기가 민족에게 지은 죄를 모를 리 없었고, 건물보다는 목숨이 소중했던 것이다. 정태진은 개인적으로 아무것도 취하지 않았지만, 조선어학회는 당당하게 청진동의 한 건물(뒷날 고려생명 건물)을 헌납받았다. 그러나 이승만정부가 들어선 뒤 반민특위가 문을 닫고 친일파가 득세하자 건물을 헌납했던 친일인사는 임시로 빌려주었을 뿐 소유권을 넘겨준 것이 아니라고 주장하며 한글회관을 도로 내놓으라고 요구했다. 한글학회로 이름을 바꾼 조선어학회가 건물을 비워주지 않자 친일파는 깡패들을 동원해 한글회관에서 『조선말 큰사전』 편찬 작업을 하던 정태진을 비롯한 학자들은 폭행하고 사무실의 집기를 부수었다. 더욱 기가 막힌 것은 경찰이 폭력을 행사한 깡패와 그것을 사주한 친일파가 아닌 정태진을 비롯한 한글학회 근무자 여섯 명을 연행하여 성북경찰서 유치장에 구금한 일이었다. 그를 잡아들인 성북경찰서 경찰관 중에는 조선어학회사건을 만들어 정태진과 동료들을 취조했던 홍원경찰서에서 근무했던 자도 끼어 있었다. 정태진은 나라의 앞날이 암담하고 걱정스러웠다. 마음 같아서는 군정청에 장관으로 들어가 그 권력으로 저런 친일파 매국노를 손보고 싶었지만, 곧 그는 고개를 저으며 자신 앞에 놓인 책무를 생각하기로 했다.

다행히 그는 군정청 간부로 있던 정일형박사의 개입으로 풀려났다. 정일형박사는 정태진과 미국유학을 같이 한 연희전문의 후배였다. 바로 풀려나긴 했지만 한글회관은 결국 빼앗기고 말았다.

청진동의 한글회관에서 쫓겨난 사전편찬위원들이 사무실을

명동으로 이사한 것이 1950년 6월 20일이었다. 그해 10월 9일, 한글날까지 사전을 출간하기로 한 한글학회 이사회의 결의를 실행하기 위해 정태진은 이삿짐을 풀지도 못한 채 밤늦도록 작업을 계속했다.

명동으로 이사한 지 닷새 만인 6월 25일 전쟁이 터졌다고 세상이 발칵 뒤집혔다.

그런 어수선한 판국에서도 학회 편찬실에서는 사전 편찬에 열을 올리고 어휘 하나의 처리 여부를 놓고 열띤 토론을 벌이기도 하였다. 이 때 가장 의젓하게 평시와 다름없이 사전 일을 계속하는 석인(정태진)선생의 모습은 세속을 초월한 성인처럼 우러러보이었다.

드디어 6월 27일, 총성은 더욱 가까이 들리고 북한군이 서울 가까이 육박하였다는 급보가 뻔질나게 이어졌다. 그러나 우리는 이 일을 늦출 수가 없었다. 허둥지둥 저녁을 때우고 다시 편찬실에서 일을 계속하였다. 그 때 석인(정태진)선생과 정인승 선생, 나 이 세 사라람이 국어사전 넷째 권을 보고 있었는데, '이살부리다, 야살부리다'가 대립어가 될 있는지 없는지를 놓고 토론을 계속하였다. 그런데 난리의 진행이 심상치 않다고 직감되어 내일 결정하기로 하고 아쉽게 헤어졌다. 그러데 그날 새벽 28일에 한강 철교가 끊어지고

서울이 북괴군에게 점령되었다.[9]

이승만 대통령이 서울을 버리고 대전으로 도망간 다음에도 정태진은 서울에 남아 사전작업을 계속하였던 것이다. 정인승, 이강로 등 『큰사전』편찬위원들과 함께 대포 소리를 들으면서도 '이살부리다'와 '야살부리다'가 대립어가 될 수 있는지 없는지를 놓고 토론을 벌이고, 단어의 용례를 확정해나갔다.

정태진은 『큰사전』원고를 서울에 숨기고 어쩔 수 없이 부산으로 피난을 갔다. 몸은 부산에 있었지만 마음은 종일 서울에 두고 온 원고에 가 있었다. 그는 부산에서 전쟁이 끝나기를 기다리고 있을 수 없었다.

서울로 올라가 작업을 하겠다는 그를 주변에서 모두 만류했지만 그는 듣지 않았다. 전시니 사전 편찬 작업을 잠시 중단하고 피난지로 교정을 옮긴 학교의 전임교수로 와 달라는 대학들이 여럿이었지만 그는 예전과 다름없이 사양했다.

1952년 5월 20일 외솔 최현배박사의 원고를 받아들고 서울로 향했다. 한글학자 유제한이 그를 따라 나섰다.

서울로 올라온 그는 한글학회 이사회의 결정사항인 '10월 9

---

9 이강로, 정태진선생과 『큰사전』편찬, 나라사랑 99호, 1999. 63쪽

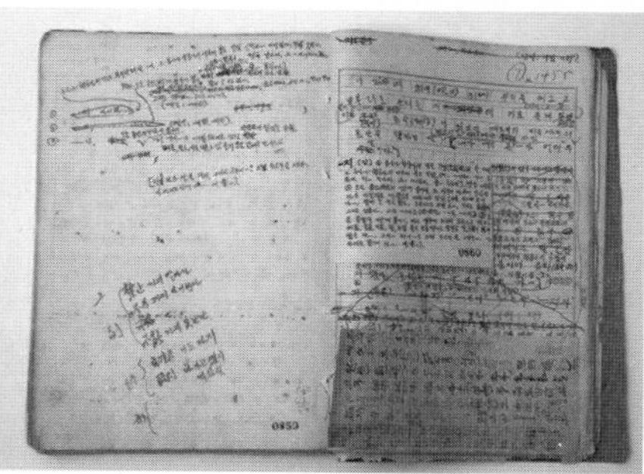

한국전쟁이 한창이던 1950년 11~12월에 베께 쓴 제6권 원고의 일부(왼쪽), 1953년 전주에서 수정한 제5권 원고의 일부.

사진출처 : 〈국가기록원〉

일 한글날에 『조선말 큰사전』의 넷째 권 발간'을 실행하기 위해 모든 시간을 바쳤다. 유제한과 함께 밤낮으로 일해 교정, 교열까지 다 끝냈지만 10월 9일에 사전을 펴내기는 역부족이었다.

전시의 인쇄시설은 열악했다. 그래도 서울에 남아 있는 인쇄시설 중에서 가장 훌륭한 곳은 서울신문사였다. 북한이 점령하여 '조선인민보'를 찍어냈던 서울신문사의 주조, 인쇄시설은 어지러웠지만 그나마 가장 온전한 편에 속했다. '서울신문'을 찍다가 '조선인민보'를 찍던 활판인쇄기에는 다시 '서울신문' 지형이 걸렸다. 그 틈새에서 '한가하게' 한글 사전을 인쇄하겠다는 정태진을 미친 사람으로 본 것은 주조공과 문선공, 인쇄공만이 아니었다. 총을 앞세워 인쇄시설을 차지하고 서로를 얼마나 많이 죽였는지 찍어내기 바쁜 와중에 사전이라니. 그러나 정태진이 보기에 미친 사람은 결코 자신이 아니었다. 제 나라말 하나 제대로 못 지키고, 통일된 국어사전 하나 못 만든 자들이 총칼로 민족을 통일하겠다며 나라를 불바다로 만들고 있는 이 불장난, 이 권력투쟁이야말로 정말이지 미친 짓이었다.

정태진의 미련한 신념과 열정에 서울신문사 간부들이 손을 들었다. 주조공들은 활자를 찍고, 문선공들은 활자를 뽑았다.

1952년 10월 28일 마침내 납활자로 『조선말 큰사전』 제4권의 조판을 끝내고, 활판인쇄를 위한 지형까지 떠놓은 그는 길게 한숨을 내쉬었다.

일을 마치자 선산에 잠든 아버지가 생각났다. 이 사전이 사단이 되어 세상을 떠난 아버지였다. 곧 추석이었다. 아버지의 산소에 절을 올리고 식량을 구해 와 『조선말 큰사전』 다섯 권 째 작업에 들어갈 요량으로 파주로 향했다.

영어에 능통한 그는 북으로 향하는 미군 트럭을 어렵지 않게 얻어 탔다. 그 트럭이 전복되어 지식인의 책무에 투철했고, 자신

석인 정태진 선생 탄신 80돌 추모회

자료출처 : 한글학회

에게 누구보다 철저했던 정태진이 최후를 마칠 줄은 아무도 몰랐다. 1952년 11월 2일, 그의 나이 50이었다.

아버지의 정신을 지킨 정해동선생과 <정태진기념관>

- 우리 말을 지키는 일에 생애를 바친 한 인간의 흔적

파주시 금릉동 생가 근처에 안장되었던 정태진은 택지개발 사업으로 인해 광탄면 영장리 소령원 건너 산중턱으로 자리를 옮겼다. 택지개발과 함께 흔적없이 사라질 뻔했던 정태진의 생가는 인근의 파주중앙도서관 옆 '정태진기념관'으로 옮겨졌다.

고문으로 피폐해질 대로 피폐해진 아버지를 함흥형무소에서 면회하면서 일본군의 총알받이로 끌려가는 자신의 운명보다 아버지가 걱정되어 가슴으로 울어야 했던 아들 정해동은 세상이 약속했다. 자신을 앞세워 스스로 이름을 높이고 권력과 이익을 쫓아다니며 산 사람들은 떠받들고 기념하면서 스스로 이름을 낮추고 나라의 말과 글을 지키는 일에 생애를 고스란히 바친

정태진 생가 이전 조성 당시의 사진

아버지의 집은 불도저로 밀어버리려 해도 나서서 막는 사람이 없었다.

살아 돌아올 기약 없는 전쟁터로 떠나는 자신에게 했던 아버지 정태진의 말이 귓가에 맴돌았다.

"아무리 어려워도 정도를 걸어야 한다."

평생토록 잊은 적이 없는 말이었다. 일본의 패전으로 기적처럼 생환한 아들은 해방된 조국에서 아버지가 자신에게 했던 그 말을 어떻게 스스로 실천하며 사는지를 너무나 가까이에서 지켜보았다.

"독립국가, 선진국가가 되려면 통일된 국어가 있어야 한다. 나는 한눈팔지 않고 이 일을 할 것이다."

그 일에 모든 것을 바친 것은 아버지였지만, 희생한 것은 아버지만이 아니었다. 변절하지 않고 독립을 맞이한 드문 독립투사, 더구나 미국 유학파 출신의 가족이었지만 끼니를 걱정해야 하는 가난은 그들의 곁을 떠나지 않았다.

친일의 티끌조차 묻힌 적이 없는 독립운동가에게 줄을 대 목숨을 구하려는 친일파들이 돈 보따리와 땅문서를 들고 찾아왔지만 아버지는 단호히 내쳤다. 아버지는 강직하게 양심과 지조를 지켰지만, 몸이 아파 평생 고생한 어머니는 여전히 치료받을 병

원비가 없었다. 아버지가 떠나면서 남긴 것은 가난뿐이었지만 아버지를 원망한 적도, 세상을 탓한 적도 없었다. 아버지처럼 살지는 못해도 아버지의 이름을 부끄럽게 하는 아들은 되지 않기 위해 그는 밤을 새워가며 공부했고, 등록금을 내지 않는 특대 장학생으로 고려대학교를 졸업했다.

물론 그가 학업을 계속할 수 있었던 것은 아버지 정태진의 선배인 한글학자 최현배선생의 도움이 컸다. 조선어학회 사건으로 아버지와 함께 함흥형무소에서 옥살이를 했던 최현배선생은 아깝게 먼저 간 후배의 아들 정해동을 학기마다 불러 격려했다.

"『큰사전』이 아니었으면 자네 아버지가 모진 고문을 당하지도, 감옥에서 선친의 상을 치르지도, 그토록 일찍 세상을 떠나지도 않았겠지. 하지만 『큰사전』이 있고 우리가 우리말을 버리지 않는 한 자네 아버지의 공적은 잊혀지지 않을 것이네. 우리 나라말은 자네 아버지에게 너무 많은 빚을 졌는데 나라 사정이 아직 허술해 그 빚을 조금도 갚지 못하니 자네와 자네 가족이 고생이네."

최현배선생은 애틋한 눈길로 정해동의 등을 두드려주었고, 헤어질 때면 어김없이 주머니에 봉투를 넣어주었다. 그 봉투 안에는 연세대 교수였던 최현배 선생의 월급 절반이 넘는 돈이 들어 있었다.

그렇게 공부를 마친 정태진의 아들 정해동은 중앙대 교수를 거쳐 동덕여대 제9대 총장이 되었지만 전두환정권의 학생탄압에 동조하지 않았다. 민주화를 요구하는 학생들을 보호하려고 했던 그는 학교의 관례를 깨고 2년 만에 사임하는 대신 학자로서의 소신과 교수로서의 양심을 지켰다.

내 것과 내 가족의 것을 위해 누구에게 무엇도 요구해본 적이 없었던 정해동은 밤을 새워 고민하고 고민했다. 빼앗긴 나라에서 우리말을 지키기 위해 청춘을 바치고, 해방된 나라에서 다시는 빼앗아 갈 수 없는 통일된 우리말 사전을 만드는 일에 목숨을 바친 한 인간의 흔적이 이렇게 지워지도록 지켜보고만 있는 것이 과연 옳은 것인가. 내 아버지가 아니라 하더라도 그렇게 지워져서는 안 될 삶이었다.

다행히 행정기관과 택지 개발기관에서도 우리 말과 글을 지키는 일에 생애를 바친 한 인간의 흔적이 아무런 기억의 보살핌도 받지 못하고 사라져서는 안 된다고 생각하는 사람들이 있었다.

인근에 대체부지를 마련해서 기념관을 건립하겠다고 했을 때 정해동은 설계비를 기부하고, 소박하지만 허술하지 않았던 아버지의 정신에 어울리게 만들어달라고 부탁했다.

석인 정태진 기념관 출입구 사진(파주시청제공)

그렇게, 정태진과 그 아들 정해동의 아름다운 정신이 함께 깃든 공간이 바로 파주중앙도서관 옆에 있는 정태진기념관이다.

교하, 출판도시와
활판인쇄박물관

-남과 북의 강물이 만나는 교하에서 이어지는 정태진의 정신

정태진이 태어난 집의 당시 주소는 교하군 아동면 금릉리 406번지였다. 그가 나고 자란 교하는 한강과 임진강, 두 강물이 만나는 곳이다. 내륙과 해양을 연결하는 교하는 경제적, 군사적, 문화적 요충지였다.

남북으로부터 흘러온 두 강물이 만나는 교하는 분단과 함께 또 다른 상징적 공간이 되었다. 정태진은 남쪽에서 태어나 남쪽에서 세상을 떠났지만 젊은 시절을 북쪽에서 열정을 다해 우리말과 정신을 가르쳤다. 가혹한 고문을 당하고 수형 생활을 한 곳도 북쪽이었다. 그의 생애에서 지울 수 없는 일부가 남아 있는 북쪽은 6.25전쟁 이후 오갈 수 없는 땅이 되었다. 정태진이 지방의

대동여지도 속의 파주 교하

우리말을 모아 통일된 우리말 사전을 만들려고 '말모이'를 시작했던 곳도 북쪽이었다.

정태진이 지형까지 떠놓고 세상을 떠난 『큰사전』 4권은 5, 6권과 함께 1957년 완간되었지만 아직 완성된 것이 아니다. 남과 북의 분단은 우리 말과 문화도 분단시켰다. 정태진이 만들려고 했던 통일된 완전한 우리말 사전은 남과 북의 화해와 협력 없이는 불가능하다. 하나의 통일된 모국어 아래 하나의 완전한 독립

조선어학회 사건을 모티브로 제작된 영화 〈말모이〉

국가를 수립하고, 아름다운 문화를 꽃피움으로써 인류의 번영과 세계 평화에 이바지하는 우리 민족이 되기를 갈망했던 정태진의 꿈은 아직 현재 진행형이다.

정태진이 지형까지 떠놓고 세상을 떠난 『큰사전』 4권이 5년

이승만대통령 담화발표 참고사진

자료 : 〈국가기록원〉

뒤인 1957년에야 겨우 인쇄를 할 수 있었던 것은 이승만 대통령의 어이없는 생각 때문이었다.

정권 출범 이듬해인 1949년 10월 9일 한글날 담화에서 한글을 '괴상하게 만들어 놓아 퇴보된 글'이라고 폄하하며 '특별히 주의하여 맞춤법을 속히 개정'하라고 했던 이승만 대통령은 전쟁 직전에도 한글의 철자법을 개정하라고 윽박질렀다.

'잇다'와 '있다'가 무엇이 다른가? 문화를 진보시키려면 하루바삐 고쳐야 할 것이다. 그렇지 않으면 퇴보할 것이다. 한인들이 완고해서 퇴보하려면 모르되 그렇지 않으면 내가 말하는 식으로 고쳐야 할 것이니, 만일 민간에서 고집을 하고 개량을 안 하면 정부만이라도 사용하도록 할 것이다.

- 1950년 5월 3일 이승만 기자회견

정태진이 세상을 떠난고 네 달 뒤인 1953년 3월에도 이승만 대통령은 "신구약과 기타 국문서에 쓰던 방식을 따라 석 달 안에 교정해서 써야 할 것"이라는 담화문을 또 냈다. 이승만 대통령의 담화대로라면 정태진이 만든 조판은 다 뒤집어엎고, 지형은 불태워버리고 3개월 안에 개화기에 신약 · 구약 성경을 만들 때 썼던 맞춤법으로 돌아가야 했다. 참으로 기가 막힌 대통령이었다.

'한글 간소화'란 명목으로 한글의 기본 원리를 뒤흔든 이승만 대통령의 모국어 정책에 대해 조선어학회의 후신인 한글학회는 결연히 반대했고, 자유당 정권은 『큰사전』 인쇄에 필요한 종이 공급을 막았다. 한글학회의 사전편찬위원들이 모국어를 지키기 위해 조국의 감옥에서 죽어가고 있을 때 미국에서 영어를 쓰며 편히 지냈던 이승만은 전쟁의 포화 속에서 정태진이 만든 『큰사전』을 찍지 못하도록 미국 록펠러재단이 원조해주던 종이를 막았던 것이다. 정태진은 자신의 사후에 홀로 남게 될 『큰사전』의 운명에 대해 예견이라도 한 것처럼 이승만 대통령의 주장에 대한 답을 일찍이 남겨두었다.

말에는 겨레의 얼이 들어 있으니 겨레의 말을 사랑하는 마음은 곧 겨레의 얼을 사랑하는 마음이다. 이 나라에 태어난 우리 겨레의 사람으로, 어느 누가 이 겨레를 사랑하지 않는다고 말할 자가 있으랴? 그러나 그 실제 생활에 있어서 의식적 또는 무의식적으로, 우리의 말을 사랑하며 소중히 여기지 못하고, 도리어 이를 천대 또는 학대하는 일이 많이 있는 것을 우리가 보게 되는 것이다.

우리가 외국의 것을 배우는 근본 이유는 그것으로 우리의 것을 더욱 아름답게 북돋아 기르고자 하는 데 있는 것이요, 우리의 것을 조금이라도 천대하는 데에는 있지 아니한 것이다.

-정태진 〈말을 사랑하는 마음〉

정태진이 전쟁의 시간과 싸우며 만들었던 통일된 모국어 사전은 모국어에 대한 자기비하를 서슴지 않는 권력자와 5년의 투쟁을 벌인 끝에서야 세상에 나왔다.

파주가 한반도 평화수도를 자임할 수 있는 것은 단순히 접경지이기 때문이 아니다. 남과 북의 강물이 만나는 지정학적 이유 때문만도 아니다. 통일된 우리말로부터 우리 민족의 교육과 생활, 문화에 대한 굳건한 토대와 자부심을 만들려고 했던 정태진의 정신과 실천적 유산을 간직한 지역이기 때문에 파주는 '한반도 평화수도'를 자임할 수 있는 것이다.

말이 없는 곳에 교육다운 교육이 없는 것이요. 말이 없는 곳에 예술다운 예술을 찾기 어려운 것이니, 언어가 생활의 전부는 아니지마는 언어가 없는 곳에 생활이 없는 것도 또한 부정할 수 없는 사실이다.

- 정태진 〈시골말을 캐어 모으자〉

역사에 우연은 없다는 말이 있다. 정태진 선생이 태어나고 자란 아랫마을이 문발리다. 문예와 학문을 발전을 시키는 마을, 文發里. 이 마을의 이름은 570여년 전인 1452년에 지어졌다. 태종과 세종, 문종으로 이어진 세 왕의 신뢰와 존경을 받았던 이황이

파주 출판도시 전경

자료 : 공식 홈페이지

말년을 보내던 파주에서 세상을 떠나자 문종은 그의 마지막 가는 길을 보려고 파주까지 찾아왔다. 신하의 장례식에 왕이 참례해서는 안 된다는 국법에 따라 장지가 건너다보이는 맞은편 산에서 눈물을 흘리며 이황을 떠나보내고 돌아가던 문종이 이름 붙인 마을이 문발리였다.

뛰어난 문필가이자 학자였던 이황의 정신을 이어갈 인재가 태어나고 문예가 발흥하라는 오랜 기원이 서린 문발리에 세계적인 인문도시가 들어섰다. 바로 파주출판도시다. 책은 인문적 상상력과 예술적 감수성으로 채워진 문화의 수원지다. 어떻게 대한민국이 오늘과 같은 세계적인 문화강국이 되었는지를 설명해주는 것이 파주출판도시라면, 어떻게 파주출판도시와 같은 경이로운 책의 도시가 탄생할 수 있었는지를 설명해주는 것은 정태진이라는 아주 특별한 인간형의 존재일 것이다.

"언어는 문화의 그릇이요 사상의 거울이라"고 어떤 이는 말하였다. 그렇다! 언어가 아니면 우리의 문화를 무엇에 담으며, 언어가 아니면 우리의 사상을 무엇으로 나타내랴?

언어가 '그릇'일진대 우리는 이 그릇을 더욱더욱 아름답게 든든하게 만들어야 될 것이며, 언어가 '거울'일진대 우리는 이 거울을

더욱더욱 맑고 깨끗하게 닦아야 될 것이 아니랴.[10]

1938년, 모든 학교에서 우리말 교육과 사용을 금지시킨 일본에 맞서 우리말을 지키는 일에 모든 것을 바쳤던 정태진과 같은 아주 특별한 인간형의 존재가 없었다면 오늘날 세계인이 열광하며 따라부르는 K팝도, 세계의 안방을 사로잡는 K드라마도, 문화 강국 대한민국도 결코 존재할 수 없을 것이다.

정태진이 태어나고 묻힌 교하의 아랫마을 문발리에 들어선 출판도시 어디에도 정태진을 기억하기 위한 공간 하나 없었다. 정태진의 숨결이 스며있는 문발리의 출판도시에 발 딛고 일하는 사람들이 매일같이 자신이 다루는 바로 그 말과 글, 활자를 지키고 다듬기 위해 일생을 바친 인간의 존재를 모른다니 참으로 서글픈 일이 아닐 수 없다. 말과 글, 활자를 다루는 인간들에게 가장 아름답고 위대하게 기억되어야 할 이름이 정태진임에도.

대포 소리를 들으면서도 사전을 만들기 위해 단어를 분류하고, 원고를 쓰고, 편집을 했던 사람. 내일의 전황을 알 수 없는 상

---

10 정태진, 재건도상의 우리 국어, 《한글》제11권 제2호, 1946.

황에서 주조공과 문선공, 조판공을 설득해서 활자를 찍고, 문선을 하고, 조판을 해서 『우리말 큰사전』 지형을 만들어 낸 사람. 전쟁 중에 그런 일을 한 사람은 인류 역사에 정태진 외에 아무도 없었다.

다행히 문발리 출판도시에 문을 연 활판인쇄박물관에 정태진을 기억하는 공간과 체험과정이 만들어졌다. '전시편집조판실'에는 정태진이 만들었던 사전과 그의 어록이 활자로 조판되어 있어 그가 어떤 악조건에서 우리말 사전을 만들었는지 실감할 수 있다. '전시인쇄관'은 남북이 번갈아 인쇄소를 차지하고, 장비를 옮겨가며 다급하게 인쇄를 했던 당시의 상황이 여실하게 재구성되어 있다.

오늘도 한강과 임진강이 만나서 서해로 향하는 교하에는 한 번도 자신을 앞세우지 않았던 정태진의 생애가 깊고도 유장하게 흐르고 있다. 내일도 출판도시에서 출고되는 책은 수없이 많겠지만, 분명한 것은 그 책들의 어느 한 페이지도 정태진과 그의 동료들이 피로써 지켜낸 우리 글의 도움 없이 만들어지지 않았다는 사실이다.

부 록

부록1

재건 도상(途上)의 우리 국어

출처 : 《한글》 제11권 제2호, 1946. 5.

1

우리 인류의 모든 문화는 언어(言語)와 함께 시작되어, 언어와 함께 발전되어 온 것이다.

아득히 먼 원시 시대로부터 오늘날까지 우리 인류는 오직 이 언어를 의지하여 우리의 문화를 창조하고 전승하고 보급하여 온 것이다. 만일 우리 인류에게 언어라는 아름다운 보배가 없었던들 오늘날 우리 인류가 가장 자랑하는 모든 문화는 움도 싹도 터 보지를 못 하였을 것이다.

언어가 없는 곳에 국가가 어디 있으며, 언어가 없는 곳에 역사가 어디 있으며, 언어가 없는 곳에 교육이 어디 있으랴?—우리의 국가, 우리의 역사, 우리의 교육은 오직 우리의 언어를 통하여 처음으로 그 존재를 나타내고 그 가치를 드러내게 되는 것이다.

아프리카의 어떤 족속에게는 하나로부터 열까지의 셈에 대한 말은 있지만, 그 이상의 셈에 대한 말은 없다고 한다. 우리는 그들의 말의 수효(數爻)를 보아 그들의 문화 정도를 넉넉히 추측할 수 있는 것이다.

영어를 배우고 영어를 말하는 그곳에 앵글로색슨의 문화는 그 말을 따라서 쉬지 않고 보급되어 가는 것이요, 러시아의 말을 배우고 러시아의 말을 하는 그곳에 러시아의 문화는 또한 그 말을 따라서 끊임없이 전파되어 가는 것이다.

"언어는 문화의 그릇이요 사상의 거울이라"고 어떤 이는 말하였다. 그렇다! 언어가 아니면 우리의 문화를 무엇에 담으며, 언어가 아니면 우리의 사상을 무엇으로 나타내랴?

언어가 '그릇'일진대 우리는 이 그릇을 더욱더욱 아름답게 든든하게 만들어야 될 것이며, 언어가 '거울'일진대 우리는 이 거울을 더욱더욱 맑고 깨끗하게 닦아야 될 것이 아니랴?

2

지나간 오백 년의 우리 역사를 돌아볼 때 우리는 하염없이 솟아오르는 일종의 적막감(寂寞感)을 금하지 못한다. 그 이유가 어디 있느냐? 그것은 우리가 우리의 언어를 너무나 천대하고 학대하였던 까닭이다. 세상에 가장 어렵고 복잡하다는 중국 글자를 배우느라고 비지땀을 흘리고 단잠을 자지 못하고 갖은 수고를 하여 오면서, 우리에게 고유한 아름다운 말과 글을 닦기에 너무나 게을리하였던 까닭이다.

세계에서도 유례(類例)가 없이 가장 과학적이요 가장 예술적으로 된 우리 한글은, 우리 선민(先民)들의 그릇된 사상과 한문의 전통적 세력 밑에 우리말로 우리의 생각을, 우리의 기쁨과 슬픔을 자유로 적어 내는 아름다운 직분을 오랫동안 잃었던 것이며, 소중화(小中華) 가명인(假名人)의 사대사상은 우리 어문(語文)(의 위대한 가치를 찾아서 그것을 더욱 아름답게 더욱 빛나게 하려는 생각을 꿈에라도 하지 못하게 하였던 것이다.

이렇듯한 천대 아래에 오래오래 압축되고 시들어 오던 우리의 말과 글이 '갑오경장(甲午更張)'이라는 역사적 전환기를 당하여, 다행히 지나간 날의 모든 굴욕과 수치의 생활을 깨끗하게 청산하여 버리고, 새로운 문화 무대 위에서 크나큰 가치를 발휘하려 하였더니, 어찌 뜻하였으랴! 잔인한 일제의 철쇄 아래에 참으로 형언하기 어려운 가지가지의 학대를 다시금 받게 될 줄을!

3

지나간 사십 년의 길고 긴 세월! 그동안에 우리의 말과 우리의 글을 이 지구 위에서 없애기 위하여, 저들이 과연 얼마나 애를 썼던가?

관청에서, 학교에서, 공장에서, 회사에서 가지각색으로 우리의 어문을 학대하고, 마지막에는 우리의 신성한 가정에서까지 우리의 말과 글을 없애기 위하여 저들은 얼마나 애를 썼던가?

아침 아홉 시에 학교의 정문 안에 한번 발을 들여놓은 다음에는 저녁 다섯 시가 지나서 학교의 정문을 다시 나올 때까지 사랑하는 선생과 학생의 사이에는 우리말의 사용을 절대로 금하였고, 일본말을 잘 알지 못하는 선생은 황국 신민을 양성할 자격이 없다 하여 교문 밖으로 멀리 방축하여 버리고, 우리말을 교실이나 운동장에서 한 번이라도 쓰는 학생이 발견되는 때에는 털끝만 한 가치도 없이 가지가지의 악형을 주었던 것이다.

"오늘은 국어를 네 번 사용하고, 네 번 벌을 받았다!"

이것은 일제시대에 어떠한 고등여학교 학생이 교실에서 우리

말을 하다가 선생에게 발견되어서 그 벌로 하루에 네 번이나 학교의 소제를 하게 되었던 것을 써 놓은 눈물겨운 일기의 한 구절이다.

지난 팔월 십오일 해방의 종은 우렁차게 울리었다! 아! 이 소리를 들은 우리의 가슴은 얼마나 뛰었던가? 혹은 철창에서, 혹은 전선에서, 혹은 공장에서, 혹은 광산에서, 모든 방면에서 일제의 철쇄 아래에 말할 수 없는 처참한 생활을 계속하여 오던 우리 삼천만!

우리는 울지도 웃지도 못하였다. 웃기에는 우리의 기쁨이 너무나 컸었고, 울기에는 우리의 책임이 너무도 무거움을 느끼었던 것이다.

우리의 말은 다시 살았다. 우리의 글자도 다시 살았다. 우리에게 다시는 말하는 벙어리노릇이나 눈 뜬 소경노릇을 할 필요가 없는 때가 오고야 말았다. 아! 이 얼마나 기쁜 일이냐! 우리의 가슴은 몹시도 뛰고, 우리의 팔뚝은 까닭없이 들먹거림을 느낀다!

4

다음에 적으려고 하는 몇 가지의 현상은 이러한 기쁨 속에서 의식적 또는 무의식적으로 일어난 재미있는 현상이다. 이 단편적

기록이 혹은 우리 어문의 해방을 기념하는 한 가지 방법이 된다면 필자는 이것으로 만족하게 생각하려는 바이다.

① 해방된 바로 뒤였다. 서울시 돈암동 어느 집에 반가운 손님이 왔다.

여주인: 어이, 기노시다 상(木下樣)이 오셨네. 어서 오서요. 아이 참, 목하씨(木下氏)! 아이 그러면 솜씨가 되게.

남주인: 아니 그럴 것 뭐 있소. '솜씨'니, '목화씨'니 할 것 없이 '이 선생'이라고 하면 그만 아니요?

② 해방이 된 뒤 얼마 지나서 학교를 다시 열게 되었다. 선생님이 출석부를 가지고 와서,

선생 : 김복동.

학생 : 하이, 네.

일동 : 하하하하!

선생 : 이영자.

학생 : 하이, 네.

일동 : 하하하하!

이 소식을 들은 어떤 학부형의 말.

"하이네는 독일의 유명한 시인이란다."

③ 어떠한 연회석에서 여러 손님이 재미있게 놀다가 그 중에 손님 하나가 무슨 볼 일이 있어서 먼저 퇴장하게 되었다. 그래서 퇴장하면서,

나가는 손 : 자, 여러분, 조금 볼 일이 있어서 먼저 실례합니다.

다른 손 : 갑(甲)아. 여보게! 자네가 먼저 실례한다니, 그러면 우리는 나중 실례라는 말인가?

다른 손 :을(乙), 그런 왜식 인사는 그만두세.

나가는 손 : 잘못 했네, 이 담에는 다시는 실례하지 않겠네!

④ 어떠한 친구들이 오랜만에 다시 만나서,

갑 : 어, 긴 상(金樣)!

을 : 어, 리 상(李樣)!

병 : 여보게들, 긴 상이니 리 상이니 하는 쪽발이말은 걷어치우게.

갑 : 그래, '김' 상.

을 : 어 참 그래, '이'상

병 : 대체 '상'놈들이란 할 수 없네그려! 그래 '상'이란 말을 빼놓으면 말이 없나?

⑤ 해방 직후 거리에는 별안간 통해하는 사람들의 수효가 부쩍 늘었다. 각처에서 몰려드는 전재(戰災) 동포, 정치 부로커, 야미

꾼—그래서 서울 거리거리에는 음식점이 여간 많이 늘지 아니하였다. 그런데 이상한 것은 '뎀뿌라'라는 음식이 비상한 세력으로 유행되었던 것이다. 그런데 이 말에 대한 '맞춤법'이 여간 여러 가지가 아니었으니

뎬부라. 뒨부라, 뒨부라, 뎀부라, 뒴부라, 뒴부라, 뎬쌰라, 뒨쌰라. 뒨쌰라,뎀쌰라, 뒴쌰라, 뒴쌰라, 뎬뿌라, 뒨뿌라, 뒨뿌라, 뎀뿌라, 뒴뿌라, 뒴뿌라.

이와 같이 많았던 것이다. 이것을 본 어떤 어학 선생님의 말, "대체 맞춤법이 이렇게 문란하니 음식을 먹어도 맛이 없네그려!"

⑥ 어떤 한글 강습 회장에서 강사가 한자어를 설명하다가,

강 사 : 한자를 우리글로 쓸 때에는 말의 첫소리에는 'ㄹ'을 쓰지 아니하는 것입니다. 그러니까 '李哥'는 '이가'라고 써야 됩니다.

청강생 : 그러면 李舜臣을 우리글로 어떻게 써야 합니까?

강 사 : '이순신'이라고 써야지요.

청강생 : 그러면 李舜臣까지도 창씨를 다시 해야 합니까?

강 사 : 아니요. 李舜臣의 우리 말이야 '이순신'이지, 어디 '리순신'이요? 평안도에서 '니순신'이라고 하는 소리는 들었습니다

마는 우리의 대다수가 쓰는 말대로 쓰자면 '이순신'이 옳지요.

⑦ 어떤 소학생이 학교에 가서 산술을 배웠다. 학교 선생님이 삼각형을 '세모꼴'이라고 가르치고 사각형을 '네모꼴'이라고 가르쳤다. 그리고 숙제를 몇 문제 내주었다. 그 문제 중의 하나는 이러한 문제이었다.

"다음의 그림을 보아라. 그것이 무슨 골이냐?"

학생이 집으로 돌아가서 숙제를 하다가 이 문제에 대한 답안이 잘 생각나지 아니하여서 아버지에게 물었다.

학 생 : 아버지 이것이 무슨 꼴이야요?

아버지 : 왜 그러니? 그래 내가 무얼 잘못했니?

어머니 : 원 저런, 어른에게 '무슨 꼴'이란 말을 해?

학 생 : (산술 문제를 보이면서) 아니야요. 이것이야요.

아버지 : 애, 그 꼴은 제법 잘 되었구나!

⑧ 어떤 소학교 국어 시간에 선생님이 어떤 책에서 여러 개의 노래를 모아서 등사한 것을 가지고 들어왔다. 그런데 그 가운데에는 '팔월 가위 올여 송편'이란 구절이 있었다.

선 생 : 이것은 우리 나라의 옛날 풍속을 쓴 노래인데, 그 뜻은 팔월에 송편을 가위로 오려서 먹는다는 말이야.

학 생 : 그리하면 맛이 더 있습니까?

선 생 : 암, 그렇고 말고.

⑨ 요새에는 그래도 기차가 별 고장이 없이 비교적 잘 다니는 편이다. 그러나 해방 직후에는 그렇지 못하여서 기차가 도중에서 한 시간쯤은 머물러 있기가 예사이었다. 그뿐 아니라, 때로는 뒤로 무르창하는 일도 가끔 있었던 것이다. 이 때에 승객 한 사람이 하도 답답하여서,

승객(가) : 이눔의 차가 '뒤로 우시로 빠구'를 하네!

승객(나) : 여보! 차가 뒤로 가면 뒤로 가는 것이지, '우시로'는 무엇이요?

승객(다) : 그렇소! 그리고 '빠꾸'는 또 무슨 소리요?

⑩ 근래의 신문이나 간판에는 이상한 '맞춤법'으로 쓴 글자가 많이 보인다. 예를 들면

냉면…………………………………………… ᄂᆡᆼ면

튼튼한 양말…………………………………ᄯᅳᆫᄯᅳᆫ한 양말

풍부한 음식…………………………………픙부한 음식

맛좋은 음식…………………………………망좋은 음식

그것이 무엇이냐?…………………………그젔이 무엇이냐?

성냥……………………………………………셕양

스케트…………………………………………스캤-도

같이 갑시다………………………………………… 갖이 값시다

모이라!……………………………………………… 뫃이라!

그렇소……………………………………………… 그랬소

좋소………………………………………………… 졿소

영문타이프………………………………………… 영문ㅂ타이푸

이러한 꼴을 보고,

어떤 노인 : 애 저런 것이 다 무슨 글자냐?

학생 : 그것이 새로 만든 글자랍니다.

노인 : 그래 "ᄂᆞ 생"은 무엇이라고 읽느냐?

학생 " 네, '내양'이라고 읽습니다.

부록2

시골말을 캐어 모으자

출처 : 《한글》 제11권 제3호, 1946.

1.

모든 과학은 비교에서 시작된다. 우리가 무엇을 안다는 것은 결국 한 가지의 일이나 물건을 다른 일이나 물건에 비교하여 그 다른 점을 안다는 것이다. 만일 이와 같은 비교를 떠나서 우리가 무엇을 직각적(直覺的)으로 알 수 있다면, 그것은 혹시 철학적 지식은 될 수 있을는지 알 수 없으나 객관적(客觀的), 구체적(具體的), 경험적(經驗的) 사실을 대상으로 하는 과학적 지식은 도저히 성립될 수 없는 것이다.

우리 언어과학에 있어서, 만일 우리가 고대어와 현대어를 비교하여 연구하지 아니한다면, 도저히 객관적 타당성(妥當性)을 가진 언어과학의 법칙은 성립될 수 없을 것이니, 이 점으로 보아 우리는 우리의 시골말을 될 수 있는 대로 많이 모아서, 우리 국어를 재건하는 데 큰 도움이 되도록 하기를 간절히 바라는 바이다.

2.

시골말은 그 시골 선민(先民)들이 끼친 향토 문화의 중요한 유산의 한 가지가 되는 것이니, 향토의 문화재를 연구하는 대상으로도 소중한 재료가 아니되는 것은 아니지마는, 이보다도 더 중요한 점은 우리의 고어(古語)가 시골말 가운데 적지 않게 남아있다는 것이다. 정치적 변천과 문화적 접촉 또는 그 밖의 여러 가지 이유로 말미암아 중앙 지대의 언어에는 급속한 변천이 있었던 반면에, 비교적 중앙에서 떨어져 있는 지방에 우리의 고어가 원형을 거의 그대로 보존하고 있는 경우가 많은 것이니, 우리말을 연구하려는 학도들에게 이보다 더 큰 보배가 또한 어디 있으랴?

특별히 우리 조선에 있어서는, 과거의 우리 선조들이 모화사상(慕華思想)에 중독되어 있었던 사실과, 때때로 침입하여 온 외구(外寇)의 잔혹한 병선(兵燹)으로 말미암아, 우리 국문으로 우리의 고유 언어를 시대를 따라서 기록하여 놓은 문헌이 대단히 적은 것이니, 이러한 문헌학적(文獻學的) 결점을 보충하는 의미에 있어서 '시골말 캐기'는 중요한 사명을 가지고 있는 것이다.

3.
네가 먼저 네 자신을 알아라!

옛날의 철인은 이렇게 말하였다. 사실이다. 우리 인생은 철저한 자기 의식을 떠나서 참된 지식을 얻을 수 없는 것이다. 개인에게 있어서도 그러하고, 국가로도 또한 그러한 것이다. 우리의 역사를 모르고 우리의 말과 우리의 글을 모르고 그러고도 우리 국가의 문화 향상에 어떠한 기여가 있을 수 있다면 이것은 여간 어려운 일이 아닐 것이다.

말이 없는 곳에 교육다운 교육이 없는 것이요, 말이 없는 곳에 예술다운 예술을 찾기 어려울 것이니, 언어가 생활의 전부는 아니지마는 언어가 없는 곳에 생활이 없는 것도 또한 부정할 수 없는 사실이다.

그러면 우리는 우리의 말을 소중히 여기지 아니할 수 없는 것이요, 우리의 말을 가장 과학적으로 연구하자면 무엇보다 먼저 표준말과 시골말, 또는 옛말과 시골말과의 비교 연구로부터 시작하여야 되는 것이니, 우리의 국어 교육상으로 보아 '시골말 캐기'는 가장 긴급한 일의 한 가지가 되는 것이다.

4.

이 세상에 쉬운 일은 하나도 없다. '시골말 캐기'도 또한 어려운 일의 한 가지이다. 그러나 어려우면 어려운 그 비례로 재미도 또한 많은 것이니, 혹은 기차 안에서, 혹은 여관에서, 혹은 동무의 집에 놀러 갔다가 한번 시험적으로 다른 지방의 시골말을 캐어 보아라. 한 마디 두 마디 물어 나아가는 도중에 뜻밖에 재미있는 사실을 발견하게 되는 일이 있을 것이니, 그때마다 수첩에 자세히 기록하여 두라. 이것이 뒷날에 국어과학의 큰 건물을 세우는 데 필요한 한 개 한 개의 벽돌이 되는 것이다.

5.

세상의 모든 것은 변한다. 'Panta Rei'라고 옛날 희랍(希臘)의 어떤 철학자는 말하였다. 이 세상에 변하지 아니하는 것은 하나도 없는 것이니, 이에 따라서 우리의 말도 쉬지 않고 변하는 것이다. 돌이 변하여 흙이 되고 얼음이 녹아서 물이 되거늘, 사람의 말만이 어찌 변하지 아니하랴?

사실에 있어서 우리의 말은 쉬지 않고 자꾸자꾸 변하여 가는 것이다. 그러하기 때문에 칠십 노인의 말이 다르고, 사십 중년의 말이 다르고, 이십 청년의 말이 다른 것이다. 물론 표준말을 가르침으로 말미암아 어느 정도까지는 이 현상을 더디게 할 수는 있는 것이다. 그러나 쉬지 않고 변하는 그것이 생명이 있는 모든 것의 상징임을 어찌하랴!

더욱이 표준말의 보급에 따라서 시골말은 가속도로 줄어질 것이니 시골말 가운데 좋은 어휘들의 대부분이 사라져 없어진 뒤에 이것을 모으려고 애를 쓴다면 이와 같이 어리석은 일은 없을 것이다. 그러므로 이러한 말들이 변하여 없어지기 전에 될 수 있는 대로 캐어서 모아 두자는 것이다.

6.

우리는 물론 표준말 교육의 절대 필요성을 인정한다. 세계의 모든 문화 국가들은 각각 표준말을 가르치기 위하여 막대한 노력을 하는 것이다. 그러나 이것이 곧 시골말 연구를 무시하는 것을 의미하는 것은 아니다. 우리는 표준말을 더 철저하게 알기 위하여 시골말을 연구하여야 되는 것이요, 고대어나 자매어와 비교 연구하는 데 큰 재료로 쓰기 위하여 시골말을 연구하여야 된다는 것이다.

영남의 방언을 연구하면, 고대 신라의 향가를 연구하는 데 큰 빛을 던져줄 뿐 아니라 우리 국어와 일본어를 비교 연구하는 데 큰 참고가 될 것이요, 관북의 방언을 연구하면 여진어(女眞語)나 퉁구스어와 우리말을 비교 연구하는 데 없지 못할 자료가 될 것이다.

우리말을 좀 더 과학적으로 좀 더 역사적으로 연구하려는 이가, 어찌 '시골말 캐기'를 쓸데없는 장난으로 우습게 여길 것이랴?

7.

사람의 모든 지식은 결코 고립한 것이 아니다. 한 가지 사물에 대한 정확한 지식은 반드시 다른 사물에 대한 지식에도 직접 또는 간접으로 영향을 주는 것이니 '시골말 캐기'에도 또한 이러한 점이 있는 것이다.

시골말은 그 지방의 역사와 밀접한 관계가 있는 것이며, 그 지방의 풍속을 배경으로 하고 생겨난 것이며, 그 지방의 문화의 밭 위에서도 피어난 꽃이니 역사, 풍속, 문화 각 방면의 지식을 넓히는 데 막대한 도움이 될 것이다.

별표에 실은 몇 개의 시골말은 연희전문학교 문학부 학생 가운데 이 방면에 취미를 가진 이들에게 부탁하여 모은 것을 주로 하고 정리하여 본 것이니 어휘의 수효는 비록 몇 개가 되지 아니하나 우리의 말이 지방에 따라서 어떻게 서로 다르다는 것을 짐작할 수 있을 것이며, 우리 말을 연구하는 데 적지 아니한 참고 자료가 될 줄로 믿는 바이다.

8.

끝으로 이 글을 읽으시는 분에게 한 가지 청하고 싶은 것은, 이 글과 별표를 읽으신 다음에, 아래에 쓴 몇 마디의 말에 대하여 귀 지방의 말을 적어 보내 주시면, 앞으로 또한 본지를 통하여 일반에 공개하여 우리말을 연구하시는 이들에게 좋은 자료로 제공할까 하는 바이다.